中国智慧

写给中学生的18堂

国学修身课

胡立根◎著

中国大百科全书出版社　知识出版社

图书在版编目（CIP）数据

写给中学生的18堂国学修身课 / 胡立根著. -- 北京：
知识出版社，2019.6
（中国智慧）
ISBN 978-7-5215-0050-9

Ⅰ．①写… Ⅱ．①胡… Ⅲ．①中华文化—中学—课外
读物 Ⅳ．①G634.303

中国版本图书馆CIP数据核字(2019)第171975号

写给中学生的18堂国学修身课　胡立根　著

出 版 人	姜钦云
出版统筹	张京涛
产品经理	王云霞
责任编辑	王云霞
装帧设计	中外名人
出版发行	知识出版社
地　　址	北京市西城区阜成门北大街17号
邮　　编	100037
电　　话	010-88390659
印　　刷	三河市人民印务有限公司
开　　本	710mm×1000mm　1/16
印　　张	14.75
字　　数	204千字
版　　次	2019年6月第1版
印　　次	2025年1月第3次印刷
书　　号	ISBN 978-7-5215-0050-9
定　　价	49.80元

今天我们怎样学国学？

国学的学习一般有三个层次。

国学学习的最低层次是蒙学，就是学习《三字经》《弟子规》《百家姓》《幼学琼林》之类。严格地说，这个层次的学习不能叫国学的学习，因为此阶段主要是识字教育，外加一些为人处世基本常识的认知，是人生文化的入门教育，所以叫蒙学，刚刚发蒙而已。但人们习惯上也将它叫作国学。

国学学习的最高层次是对中华传统学术体系的学习。这个层次的学习要求无疑很高，它要求修习者不仅能对整个国学知识的体系有较为整体的把握，以奠定深入研修的基础，还要将大量的国学原典装进自己的大脑，甚至要求全文背诵儒家的十三经、道家的主要经典及佛学的重要典籍。就像许多非物质文化遗产一样，国学也需要有人传承。国学的传承者要有深厚的学术素养和国学功底，能将整个中华传统的学术体系，乃至生僻的传统文化知识进行整理、研究、阐发、传承。很显然，这种传承，应该只是少数人或者一些专门人才做的事情。这是一种精英国学。

国学学习的中间层次是大众国学。就大众而言，大多数人并非中文专业或历史专业等方面的国学专门人才，尤其是就青少年群体的绝大多数人来说，他们并不是国学知识体系的传承者，不应该都走精英国学的道路。

但是，大众又的确应该懂点国学，因为国学承载的是中华民族的文化传统，蕴含着中华民族的精神特质。梁启超说得好："凡一国之能立于世界，必有其国民独具之特质……祖父传之，子孙继之，然后群乃结，国乃成。"

处于中间层面的大众国学，学什么？怎么学？尤其是对于广大青少年来说，怎么学国学？要回答这个问题，会有一连串的追问。

第一个追问是：作为非专业的大众，有多少时间和精力学习国学？

今天的社会是一个快节奏的社会，各种信息纷至沓来，应接不暇。大家忙工作，忙交际，忙着接受各种新信息、新技术，恐怕没有很多时间和耐性来阅读艰深繁难的大部头原典。至于中小学生，语、数、外、政、史、地、理、化、生，学习各科知识已经不堪重负，语文、英语学科中要求背诵的课文都还来不及背诵，哪有那么多时间来背诵整本深奥难懂的国学原典呢？更别说穿着唐装汉服去像老夫子那样老气横秋地"之乎者也"了。今天，已经不是"闲坐小窗读《周易》，不知春去几多时"的时代了。

所以，我们没有必要一股脑地将传统文化兼收并蓄，也没有太多时间花在传统文化的学习上，我们必须有选择地学。那么，怎么选择？选择什么？

这就有了第二个追问，作为非国学专业人士、非"非遗继承人"的大众，学习国学既然不是为了传承国学知识体系，那么目的到底是什么？大众学国学到底学什么？

作为一个民族的成员，一个国家的公民，的确需要适当了解一下本民族本国家的古代文化知识，学一点国学知识，以免数典忘祖。但是，大众学习国学知识，有几点值得注意：

第一，这种知识应是当今社会仍然适用的活的"国学知识"，而不是那些如"回"字的四种写法之类的冷僻知识。

第二，这种了解只是浅层次的学习，因为大众学习国学，了解的知识毕竟有限。

第三，也是最主要的，就是单纯学习国学知识绝不是大众学习国学的主要目的。任何古老国家和古老民族，在漫长的历史过程中都会形成许多具有本民族特色的知识，但这些知识大部分已经过时或者被淘汰，而那些没被淘汰的部分，大都已经融入现代知识体系之中了。现代学校教育就是以吸收传统文化知识之后的现代知识体系为课程背景，来教授系统的人文社科知识和自然科学知识，这里面已包含了历史知识和古典文学知识。这样，就没有必要在现代课程体系之外，再花很大精力去学习大量的古老知识了。

既然如此，普通民众、广大青少年学生为什么还要学习传统文化呢？国家在修改课程标准的时候，为什么还要特别强调传统文化的继承？这种继承，到底是继承什么？

其实，在任何民族，多数人学习本国的传统文化时，要学习和传承的不是传统文化中那些具体的知识，也不是某一部具体的经典，而应该是本民族的文化精神和文化智慧，也就是传统文化中那些对我们今天仍然有价值的思维方式、文化观念、价值观念、人文精神。它们是本民族优良的精神图式、思维图式和审美图式，是传统文化中充满正能量的文化基因。让传统文化中充满正能量的文化基因、文化精神融入大众的血液，落实到具体的行动中，这才是大众学习传统文化的意义所在。

所以，这种学习，不是要回到过去，而是要指向未来，让过去的学问和里面蕴含的精神为大众未来的人生服务，为未来的社会服务。大众国学，应该始终让大众立足于今天的时代，来吸取传统的精神。

这种学习是对精神价值的传承，不是对传统文化观念的机械照搬，也不是对传统文化中陈谷子烂芝麻的笼统吸收，更不是盯着其糟粕不放，这种精神价值传承更应该是一种"抽象继承"。

"抽象继承"是冯友兰先生在20世纪50年代提出的一种文化继承方法。事实证明，这种方法在文化精神传承上是非常有价值的，对大众国学的精神价值传承而言，更是如此。历史上的任何观念、思想，无论中西，都是在某种具体的历史土壤中产生的，不可避免带有历史的局限性。正如《吕氏春秋·察今》所言："凡先王之法，有要于时也。时不与法俱在，法虽今而在，犹若不可法。故释先王之成法，而法其所以为法。"

我们要学习的不是传统文化中那些现成的东西，而是它所体现的精神，而且可以在其中加上我们今人的合理理解。比如"天人合一"的观念，如果就其具体历史内涵而言，具有太多的比附和荒谬，有太多的封建迷信思想，但是如果我们别除其糟粕，提取其"人与自然和谐统一"的核心精神，不是很有价值吗？

这种抽象继承的办法，要求有人从大量的国学原典和国学历史中爬罗剔抉，提取我们民族优良的文化基因，即传统文化中充满正能量的精神"观念"，包括精神图式、思维图式和审美图式，然后进行通俗解说。

这自然就产生了第三个追问：中国传统文化中有这种优良的精神图式、思维图式和审美图式吗？或者说，中国传统文化对世界文明的贡献是什么？它的价值在哪里？在今天的文明建设和未来的世界建设中，中国传统文化的价值在哪里？换言之，国学对于世界，它体现了怎样的中国智慧？国学在今天，它体现了怎样的传统智慧？

近年来，我们潜心于传统文化的学习，发现中国传统文化或者说我们通常所说的"国学"，其实就是智慧之学。如果用一个字来概括西方的现代科技，那就是"智"，而用一个字来概括中国的"国学"，则是"慧"。我们的国学，是一种基于智商与情商又高于智商与情商的智慧之学。

我们在广泛阅读国学典籍的基础上，参考中外学者的国学研究成果，对传统文化进行梳理，从哲学思想、政治理念、修身之道、文化意识、人生智慧等维度，梳理传统文化的观念，从中提炼出我们民族传统文化观念的54个关键词，列表如下：

哲学思维与政治智慧（18个）	天人合一 直觉意会 明心见性 民为邦本 经世致用	和而不同 知行合一 系统思维 家国情怀 儒道互补	大道至简 立象尽意 格物致知 礼乐治国	辩证逻辑 模拟类比 仁者爱人 内圣外王
修身与处世智慧（18个）	自强不息 孝悌忠信 四为之志 返璞归真 达观圆融	厚德载物 浩然之气 君子之道 清静无为 心性工夫	修齐治平 民胞物与 有容乃大 因势利导	独善兼济 慎思明辨 刚柔并济 韬光养晦
文学艺术与教育智慧（18个）	因材施教 博观约取 虚室生白 文质彬彬 言志抒情	愤启悱发 道进乎技 须弥芥子 气韵风骨 诗性文化	教学相长 文以明道 大巧若拙 味外之旨	经学传统 春秋笔法 温柔敦厚 传神写意

我们认为，这些关键词代表的中华文化观念，是中华文明对世界智慧宝库贡献的精神图式、思维图式和审美图式，是先人留给我们治国理政、为人处世、修身养性的宝贵经验，对我们今天乃至未来的文明建设具有极其重要的指导价值。

为此，我们对这些关键词代表的中国智慧进行认真研究，深入研读这些概念涉及的主要国学原典，并对这些观念做了大致梳理，以这些观念为框架，构建起我们的国学教育体系。这种国学教育以国学观念为框架，引导学习者从国学观念入手，结合原典，理解中华民族的传统精神与智慧，所以我们把这种国学教育称为"观念国学"。

也许，我们提取的国学观念不一定全面，甚至不一定准确，这种方式也不一定是最好的方式，但我们想通过这种努力，试图直达本质，直指大众国学的根本任务——精神价值传承，从而让大众国学具有明确的方向性，具有明确的价值引领，让大众在学习国学时少走弯路；让大众对民族文化的精神价值有一个体系性的了解，不至于只见树木，不见森林；让大众在国学学习的过程中，充分感受到国学的价值和意义，由此引发进一步的学习兴趣；节约大众的学习时间，尤其对于中小学生来说，不会因为学习国学而过多地加重学习负担。同时，这是直接从国学观念入手的学习，有助于学习者由观念学习向观念践行的转变，并最终实现国学学习由"知识""原典""观念"的学习向知行合一的"实践国学"的转变。

胡立根

2019 年 5 月于深圳羊台山

目录

中国智慧
写给中学生的18堂国学修身课

第 1 课

自强不息：永不衰竭的精神动力

> 自强不息：自立自强，永不懈怠。语
> 出《周易·乾卦·象传》："天行健，君子
> 以自强不息。"

神话隐含的民族精神

中国古代有三个著名的神话故事，一个叫"夸父逐日"。根据《山海经·海外北经》记载："夸父与日逐走，入日。渴，欲得饮，饮于河、渭；河、渭不足，北饮大泽。未至，道渴而死。弃其杖，化为邓林。"说的是黄帝时代一个夸父族的首领，想要把太阳摘下，便开始追逐太阳。他口渴了想饮水，喝干了黄河、渭水还不够，就准备到北边的大湖去喝水，结果还没走到，半路上就被渴死了。他丢下的手杖化为邓林。

另一个神话叫"精卫填海"，出自《山海经·北山经》："又北二百里，曰发鸠之山，其上多柘（zhè）木。有鸟焉，其状如乌，文首、白喙（huì，鸟嘴）、赤足，名曰精卫，其鸣自詨（xiào，叫唤）。是炎帝之少女，名曰女娃，女娃游于东海，溺而不返，故为精卫。常衔西山之木石，以堙（yīn，堵塞）于东海。漳水出焉，东流注于河。"

这个故事是说精卫本是炎帝神农氏的小女儿，本名叫女娃，一日女娃到东海游玩，被淹死了，死后化作了一种神鸟，名叫精卫，这种鸟花脑袋，白嘴巴，红爪子，常常从山上衔来石头和草木，投入东海，发誓要将这淹死她的东海填满填平，口里不停地发出"精卫、精卫"的悲鸣。

《山海经图赞》中的刑天图

后来著名诗人陶渊明还写过一首诗赞扬精卫："精卫衔微木，将以填沧海。刑天舞干戚，猛志固常在。同物既无虑，化去不复悔。徒设在昔心，良辰讵可待。"（《读〈山海经〉其十》）这首诗还谈到另一个神话：一个叫刑天的，与天帝争胜，结果被天帝斩首，葬在常羊山。但刑天为复断首之仇，便"以乳为目，以脐为口"，整天挥舞斧盾，誓与天帝血战到底。陶渊明这首诗是想强调，精卫衔着小小的木块，也要填平沧海，刑天挥舞斧盾，刚毅的斗志永在。同样是生灵不存余哀，化成异物也不悔改。若无这样坚毅意志，美好的时光怎会到来？

除了这三个神话，还有大家很熟悉的《愚公移山》。这些著名的神话故事隐含着一种民族精神，就是"自强不息"的精神。

刚健有为的儒家传统

第一次提出"自强不息"这个词的，是《象传》。《象传》在阐释《周易》第一卦《乾》卦的时候，明确提出"天行健，君子以自强不息"的口号。在八卦中，《乾》卦代表"龙"，代表天，代表刚健、奋发，以龙的形象来象征一种自强不息的精神。

《乾》卦六爻的爻辞，生动地刻画了刚健有为、自强不息的龙的生命过程。初九"潜龙勿用"，描写龙处于幼小的弱势时，虽在潜伏之期，却正积蓄力量，蓄势待发。九二"见龙在田"，龙已逐渐长大，浮出水面，开始崭露头角，就如朝日初升，蒸蒸日上。九三"君子终日乾乾，夕惕若厉"，龙在成长过程中，虽然开始强大却始终谨慎小心，如履薄冰，自强不息。九四"或跃在渊"，象征着龙生命轨迹的曲折，同样是小心谨慎。九五"飞龙在天"，象征龙生命的全盛期，如日中天，大有作为，大放异彩。而上九之"亢龙有悔"，则象征龙即使在生命的全盛期也必须警惕物极必反，千万别忘乎所以，仍不能忘记奋发有为。从初九到上九，就是龙逐渐成长、时刻警惕、奋发进取的过程。所以龙的精神，就是自强不息的精神，就是中华民族的精神。

《象传》是不是孔子所写，目前尚无定论，但是，其中所表达的"自强不息"的精神，是符合孔子的思想的。可以说，孔子本身就是中国知识分子自强不息的代表。

如果认真读读《论语》，想想孔子的遭遇和态度行为，一个活脱脱的刚健有为的形象就会跃入你的脑海。孔子身处春秋末期，其时，"礼崩乐坏"，王室衰微，诸侯称霸，社会动荡。而孔子却以恢复周礼为己任，一生为此周游列国，奔走呼号。但他总是碰壁，甚至陷入绝境，所谓"累累若丧家之犬"。北京大学李零教授有一本写孔子的书，书名就叫《丧家狗：我读〈论语〉》。但孔子是伟大的，千难万险没有磨灭他的意志，他不像老庄的"知其不可而不为"，而是"知其不可而为之"。他一生学而不厌，诲人不倦，发愤忘食，乐以忘忧，不知老之将至，孜孜以求，不惧艰险，奋然前行。他和弟子们即使被围困，断粮绝水，他却依然在讲诵诗礼，弦歌不绝。

孔子希望能够在无道之时力挽狂澜，他深知，正是天下无道，才需要自己；他也明确地知道，"道之不行，已知之矣"，但知其不可而为之！这就是孔子的担当精神！这就是孔子"天行健，君子以自强不息"的伟大精神！

后来孟子继承了孔子刚健有为的思想品质，孟子之文，如滔滔江水，奔泻而下，具有一往无前的气势。孟子一生讲究培养自己的"浩然之气"。《孟子·公孙丑上》记载，一次公孙丑问他："敢问夫子恶乎长？"请问先生您最擅长的是什么？孟子回答道："我知言，我善养吾浩然之气。"那么什么是浩然之气呢？孟子这样解释："其为气也，至大至刚，以直养而无害，则塞于天地之间。其为气也，配义与道；无是，馁也。"所谓浩然之气，就是天地间的正气，就是刚健有为之气，就是自强不息之气。孟子一直在鼓励人们勇往直前，他说，"生于忧患，死于安乐"。你听他的气魄："富贵不能淫，贫贱不能移，威武不能屈，此之谓大丈夫。"你看他舍我其谁的精神："如欲平治天下，当今之世，舍我其谁也？"

中华民族的精神动力

正是这种自强不息的精神，鼓舞中华民族优秀儿女，不怕磨砺，虽千难万险，也勇往直前。司马迁在他的《报任安书》中有一段很有名的话："古者富贵而名摩灭，不可胜记，唯倜傥非常之人称焉。盖文王拘而演《周易》；仲尼厄而作《春秋》；屈原放逐，乃赋《离骚》；左丘失明，厥有《国语》；孙子膑脚，《兵法》修列；不韦迁蜀，世传《吕览》；韩非囚秦，《说难》《孤愤》；《诗》三百篇，大底圣贤发愤之所为作也。"周文王、孔子、屈原、左丘明、孙膑、韩非等，人生都曾遭遇磨难，但他们不屈不挠，最终成就大业。而司马迁也正是在先哲自强不息精神的鼓舞下，尽管身遭大刑，受尽屈辱，却能忍辱负重，读万卷书，行万里路，考察风俗，采集传说，用十多年的时间，终成"究天人之际、通古今之变、成一家之言"的伟大史学著作。

明末清初的史学家谈迁，专心于明代史事，他深感诸家编年史书的伪劣肤浅，不足为信。为存信史，他精研经史子集，广搜博览，查阅各种资料，遍访旧吏遗民，遍考各种书籍，搜罗档案方志，终于完成史学著作《国榷》。但不幸的是，书成不久，却为小偷所盗。谈迁深受打击，痛苦万分，但最终他从痛苦中挣脱而出，五十多岁的他，重整旗鼓，重编《国榷》，终成皇皇巨著。新《国榷》共一百零四卷，四百二十八万多字。这便是其自强不息的结果。

"戊戌六君子"之一的谭嗣同，戊戌变法失败之后，他本可以逃过一劫，但他却认为："各国变法，无不从流血而成。今中国未闻有因变法而流血者，此国之所以不昌也。有之，请自嗣同始！"他要用自己的鲜血来唤醒国民，最终留下"我自横刀向天笑，去留肝胆两昆仑"的豪迈诗句，英勇就义。他从另一个角度，用自己的鲜血对自强不息的民族精神做了精彩的诠释。

撷英掇华

原典

《象》①曰：天行健，君子以自强不息。(《周易·象传》)

①《象》：指《周易·象传》，《周易》中解释卦爻辞的话，主要依据卦象、爻位进行解释。

文本大意 《象传》说：天道运行周而复始，永无止息，谁也不能阻挡。君子应效法天道，自立自强，不停地奋斗下去。

报任安书①（节选）

古者富贵而名摩灭，不可胜记，唯倜傥②非常之人称焉。盖文王拘而演《周易》③；仲尼厄而作《春秋》④；屈原放逐，乃赋《离骚》⑤；左丘失明，厥有《国语》⑥；孙子膑脚，《兵法》修列⑦；不韦迁蜀，世传《吕览》⑧；韩非囚秦，《说难》《孤愤》⑨；《诗》三百篇⑩，大底圣贤发愤之所为作也。此人皆意有所郁结，不得通其道，故述往事，思来者。乃如左丘无目，孙子断足，终不可用，退而论书策，以舒其愤，思垂空文以自见。

①《报任安书》：是司马迁写给其友人任安的一封回信。信中，作者以激愤心情，申述了自己的不幸和痛苦。②倜傥(tìtǎng)：豪迈不受拘束。③"文王"句：传说周文王被商纣王拘禁于羑(yǒu)里时，将八卦推演为六十四卦，使其成为《周易》的骨干。④"仲尼"句：孔丘字仲尼，周游列国宣传儒道，到处受阻，尤其在陈、蔡两地受到围攻，以致绝粮，便返回鲁国作《春秋》一书。⑤屈原：战国时期楚国政治家、爱国诗人。他曾两次被楚王放逐，幽愤而作《离骚》。⑥左丘：春秋时鲁国史官左丘明，晚年因眼疾辞官还乡专心撰写史书。相传史书《国语》亦为左丘明撰。厥：其，语气词。⑦孙子：春秋战国之际著名军事家孙膑。膑(bìn)：古代一种挖掉膝盖骨的酷刑。孙膑曾与庞涓一起师从鬼谷子习兵法。庞涓因为嫉妒，设法挖去了孙膑的膝盖骨。孙膑有《孙膑兵法》传世。⑧不韦：吕

不韦，战国末年大商人，秦初为相国。曾命门客著《吕氏春秋》（一名《吕览》）。⑨韩非：战国后期韩国公子，曾师从荀子，到秦国后被李斯进谗言，下狱而死。著有《韩非子》，《说难》《孤愤》是其中的两篇。⑩《诗》三百篇：传世的《诗经》共有三百零五篇，此举其整数。

文本大意　古人虽富贵但名字却磨灭不传的，数不胜数，只有那些卓异非凡的人才被人称道。例如，周文王姬昌被拘禁而推演《周易》；孔子受困厄而写作《春秋》；屈原被放逐，才写了《离骚》；左丘明失去视力，才有《国语》；孙膑被挖去膝盖骨，《孙膑兵法》得到修撰；吕不韦被贬谪蜀地，后世才流传《吕氏春秋》；韩非被囚禁在秦国，写出了《说难》《孤愤》；《诗经》三百篇，大都是一些圣贤们抒发忧愤而写的。这些都是人们感情被压抑郁结，理想无法实现，所以记述过去事迹，以让后来者了解他的志向。就像左丘明没有了视力，孙膑断了双脚，终生不能被人重用，便退隐著书立说来抒发怨愤，想留下著作来表现自己的思想。

名言

◎天行健，君子以自强不息。（《周易》）

◎胜人者有力，自胜者强。（春秋·老子）

◎不怨天，不尤（埋怨）人。（春秋·孔子）

◎士不可以不弘毅，任重而道远。仁以为己任，不亦重乎？死而后已，不亦远乎？（春秋·曾参）

◎知其不可而为之。（《论语》）

◎生于忧患，死于安乐。（战国·孟子）

◎富贵不能淫，贫贱不能移，威武不能屈，此之谓大丈夫。（战国·孟子）

◎路曼曼其修远兮，吾将上下而求索。（战国·屈原）

◎老骥伏枥，志在千里；烈士暮年，壮心不已。（三国·曹操）

◎老当益壮，宁移白首之心；穷且益坚，不坠青云之志。（唐·王勃）

◎有志者事竟成，破釜沉舟，百二秦关终属楚；苦心人天不负，卧薪尝胆，三千越甲可吞吴。（明·胡寄垣）

◎千磨万击还坚劲，任尔东西南北风。（清·郑板桥）

成语

◎心坚石穿：只要意志坚定，事情就能成功。

◎坚忍不拔：形容信念坚定，意志顽强，不可动摇，坚强不屈。

◎百折不挠：无论受到多少挫折都不退缩，比喻意志坚强，品节刚毅。

◎愚公移山：愚公面山而居，不畏艰难，率子孙坚持不懈，挖山不止，最终感动天帝而将山挪走。说明要克服困难就必须坚持不懈。

◎发愤图强：下定决心，努力谋求强盛或进步。

◎焚膏继晷（guǐ）：点上油灯，接续日光。形容夜以继日地勤奋学习、工作。

◎闻鸡起舞：听到鸡啼就起来舞剑，后来比喻有志报国的人即时奋起。

第 2 课

厚德载物：中华文化深沉敦厚的内在动因

> 厚德载物：好的品德像大地一样能容养万物，也指道德高尚者能承担重大任务。语出《周易·坤卦·象传》："地势坤，君子以厚德载物。"

西周君主重德亲民

中华民族被称为礼仪之邦，是一个道德哲学十分发达的民族。

据专家考证，"德"这个字在商代甲骨文和西周初期的铜器铭文中就出现了。郭沫若先生对"德"字是这样解释的："德字照字面上看来是从值（古直字）从心，意思是把心思放端正，便是《大学》上所说的'欲修其身者，先正其心'。"

可以说，我们的民族从西周开始就十分重视品德了。我国现存的第一部古典文集和历史文献《尚书》中有一篇《康诰》，据说是周成王（周朝的第二任君主）的叔叔康叔到封地去之前，周公代替周成王向康叔宣读的命令，文中一开头就有这样的话："惟乃丕显考文王，克明德慎罚；不敢侮鳏寡，庸庸，祗祗，威威，显民，用肇造我区夏。"意思是，希望你光大你逝去的父亲文王的功德，能够彰显仁德，慎用刑罚；不能欺侮孤老、寡母，在人民面前要表现得平易、恭敬、谦虚，来创造我小小华夏。随后这篇文告还说："宏于天，若德，裕乃身不废在王命！"希望康叔"像天空那么博大宽容，以德服人，那么你康叔就算没有辜负我对你的期望"。

可见西周的统治者一开始就将"德"放在了治国的第一位，且要求慎用刑法。也许，我们今天会觉得西周始祖将德治摆在了法治之上，不符合当今的世界潮流，但是，我们从文告中可以读出，西周始祖们完全将对百姓的仁慈摆在首位。慎用刑罚，表现的是仁慈；讲究德治，表现的也是仁慈，西周统治者治国的基本思想是"民为邦本""敬天畏民"。就是那个演绎八卦的周文王，他将老百姓看作国家的基础，他奉行德治，提倡"怀保小民"，实行裕民政治，有节制地征收租税，甚至不收往来商人的关税。他自身生活勤俭，穿普通衣服，还到田间劳动。

辅佐文王的周公在总结商朝灭亡的教训时提出，"皇天无亲，惟德是辅；民心无常，惟惠之怀"（《尚书·蔡仲之命》），意思是上天只会辅佐有德的君主，而君主之德就是给老百姓以仁慈恩惠。他们认为"得人者兴，失人者崩"(《诗经》)。可见，周代统治者实行的德政是以亲民惠民为主要内容的德政。

春秋官员挽救德政

历史到了东周之后，统治者的德行似乎赶不上西周了，我们往往能在《左传》中看到违背德行的案例。一方面，贵族们的德行开始松弛，但另一方面，清醒的政治家们始终明白德行的价值，所以他们总是从"德"的角度给当权者进言。其中许多故事，都体现了《左传》的德治思想。

如隐公三年"周郑交质"的故事。讲的是周王和郑国之间因为互不信任，于是交换人质，但即使交换了人质，后来仍然关系紧张，以致交恶，当时的君子就指出，国与国之间应该坦诚相见，以忠信立国。

还有一个隐公三年"卫庄公娶于齐"的故事。讲的是卫庄公小妾的儿子因为得到庄公的溺爱而胡作非为，于是，当时一个叫石碏（què）的大夫进言，说一定要让贵族子女走正道，不可溺爱，不能让其骄奢淫逸。

桓公二年，"臧哀伯谏纳郜鼎"。当时宋国太宰杀了国君，害怕诸侯讨伐，就大肆贿赂诸国，并将宋国在消灭郜（gào）国时掠夺来的大鼎贿赂给鲁国。而鲁国却将这个来路不正的大鼎安放在太庙。鲁国大夫臧哀伯为此有一长篇进言，举了大量的例子，说明为国者要做好表率，行为要符合礼制。尤其可贵的是，他还提出了"国家之败，由官邪也"的论断，认为官德决定了国家的成败。

襄公二十四年，"子产告范宣子轻币"。鲁襄公时代，晋国由范宣子执政，当时各国诸侯朝见晋国时要带很多贡品，许多人为此感到忧虑。当时的著名政治家子产带信给范宣子，指出他只知道索要财物，如此执掌晋国，四邻诸侯便听不到他的美好德行了。他指出"德，国家之基也"，认为"有德则乐，乐则能久"，第一次提出了德是立国之本。

庄公二十四年，鲁国国君鲁庄公在其父亲鲁桓公的庙柱子上涂红漆，在桓公庙的椽子（放在檩上架着屋面板和瓦的木条）上雕花，一个叫御孙的大夫认为不妥，他进言道："俭，德之共也；侈，恶之大也。"强调节俭是道德的根本，后来"成由勤俭败由奢"之说，恐即源于此。

孔圣儒家崇德修身

春秋时期的确是一个礼崩乐坏的时期，西周高举的道德大旗，到此时好像已经没有那么鲜艳了。这时，孔子出场了。孔子一生以恢复周礼为己任，政治理想是夏、商、周三代"圣王"之治，尤其推崇周文王和周公。他对周文王的文治武功推崇备至，总是不厌其烦地叙说其丰功伟绩。他在《论语·泰伯》中说："周之德，其可谓至德也已矣。"孔子称周文王为"三代之英"，还感慨道："郁郁乎文哉，吾从周！"（《论语·八佾》）。孔子要继承周文王和周公，他要继承他们的什么呢？一个是"周礼"，一个是周之"德"。

在今天看来，孔子主要是一个伦理学家，其哲学主要是一种伦理哲学，这恐怕与他深受文王和周公的影响以及他将"从周"作为其人生理想有莫大的关系。

在他的道德理论中，最主要的有两点：

其一是做人"以德为先"，强调君子怀德，见贤思齐；他担忧"德之不修"，"不善不能改"。作为教育家的孔子，他的教育课程主要是修德，所谓"子以四教，文、行、忠、信"，在四大类课程里，三大课程是进修德业，且在"德行、言语、政事、文学"中，德行排第一位，知识和文化则是忝陪末座："弟子入则孝，出则弟，谨而信，泛爱众而亲仁，行有余力，则以学文。"

他的道德理论的第二点是"为政以德"，这是《论语》中论述最多的。因为孔子学习周文王，目的在恢复周礼和周时代的德政，所以很自然，"为政以德"便成为其道德理论的目标和核心。《论语》认为个人修养主要不在于个人的功德完满，而在于治国平天下。而要治国平天下，关键在德，他说："政者，正也。""正"，就是德。前面我们引述了郭沫若先生对"德"字的解释，他认为"德"的原始意义就是"心正"。

孔子的"为政以德"包含两个方面，一方面是正人先正己，为政者要做好表率，警惕自己的一言一行："其身正，不令而行；其身不正，虽令不从。"认为"君子之过也，如日月之食焉。过也，人皆见之；更也，人皆仰之"。在他看来，从政者作为公众人物，其一举一动都在公众的视线中，不可不慎。"为政以德"的另一方面，就是对百姓的教化，所谓"道之以德，齐之以礼，有耻且格"。不过在为政以德的"表率"与"教化"这两者中，孔子尤其重视前者，对从政者提出了很高的道德要求。

到《周易·象传》，就正式提出了"地势坤，君子以厚德载物"的口号。相传《象传》的作者为孔子，但应该不是孔子，而是战国时候的学者，不过其"厚德载物"的思想的确是周朝的德治思想，也符合孔子的伦理精神。"厚德载物"的意思是：好的品德像大地一样能容养万物，道德高尚者能承担重大任务。而《尚书·康诰》中"弘于天，若德，裕乃身不废在王命"的意思就是要求德行像天空那么博大宽容，以德服人。厚德如地以广载万物，宏德如天以容纳万有，可见这思想的一脉相承。

后来，《大学》则提出"大学之道，在明明德，在亲民，在止于至善"，这是《大学》中提出的儒家"三纲八目"中的"三纲"，是儒家的纲领。明德与至善是"德"，与之相关者是"民"。西周统治者就是这样将"德"与"民"紧紧联系在一起。也正是这一思路，使孔子十分重视"为政以德"；也正是这一思路，《大学》提出："欲治其国者，先齐其家；欲齐其家者，先修其身；欲修其身者，先正其心。"为政以德，修德为先，而修德的核心在"正"。因为"德"，就是"心正"。

作为一种民族精神，"厚德载物"对中国文化影响巨大，几千年来，"修身、正己、立德"一直是中国人为人、处事、处世、为官、理政的根本，也是其出发点和落脚点。国人崇尚"仁""德""善"，强调德才兼备。儒家有所谓"三不朽"，"太上有立德，其次有立功、其次有立言"，"立德"不仅不朽，而且至高无上。

撷英掇华

《原典》

《周易·坤卦·象传》论厚德载物

《象》曰：地势坤，君子以厚德载物。(《周易·象传》)

文本大意 《象传》说：大地的形势平铺舒展，顺承天道。君子观此卦象，取法于地，以深厚的德行来容纳万物，承担重大的责任。

《论语》选读

子曰："为政以德，譬如北辰，居其所而众星共①之。"(《为政》)

子曰："见贤思齐焉，见不贤而内自省也。"(《里仁》)

子曰："德不孤，必有邻。"(《里仁》)

子谓子产："有君子之道四焉：其行己也恭，其事上也敬，其养民也惠，其使民也义。"(《公冶长》)

子曰："德之不修，学之不讲，闻义不能徙②，不善不能改，是吾忧也。"(《述而》)

子曰："吾未见好德如好色③者也。"(《子罕》)

季康子问政于孔子曰："如杀无道以就有道，何如？"孔子对曰："子

为政，焉用杀？子欲善而民善矣。君子之德风，小人之德草，草上之风，必偃④。"（《颜渊》）

子曰："有德者必⑤有言，有言者不必有德。仁者必有勇，勇者不必有仁。"（《宪问》）

①共：通"拱"。②闻义而不徙：听到义在那里却不亲身赶赴。③好色：喜好美色。古代此词并非贬义。④君子之德风，小人之德草，草上之风，必偃：在上位的君子的品德好比风，在下位的人的品德好比草，风吹到草上，草就必定跟着倒。偃（yǎn）：倒。⑤必：一定。

文本大意 孔子说："以道德教化来治理政事，就会像北极星那样，自己居于一定的方位，而群星都会环绕在它的周围。"

孔子说："见到贤人，就应该向他看齐，见到不贤的人，就应该自我反省看看自己有没有与他类似的毛病。"

孔子说："有道德的人是不会孤立的，一定会有志同道合者与他相处。"

孔子评论子产说："子产有君子的四种道德，他自己行为庄重，他事奉君主恭敬，他养护百姓有恩惠，他役使百姓有法度。"

孔子说："不培养品德，不研讨学问，听到义却不去跟随，有了过错不能改正，这些都是我所忧虑的事情。"

孔子说："我没有见过像好色那样好德的人。"

季康子向孔子请教政事，说："如果杀掉无道的人来成全有道的人，怎么样？"孔子说："您治理政事，哪里用得着杀戮呢？您只要想行善，老百姓也会跟着行善。在位者的品德好比风，在下的人的品德好比草，风吹到草上，草就必定跟着倒。"

孔子说："有道德的人，一定有言论，有言论的人不一定有道德。仁人一定勇敢，勇敢的人不一定有仁德。"

名言

◎皇天无亲，惟德是辅；民心无常，惟惠之怀。（《尚书》）

◎德，国家之基也。（春秋·子产）

◎有德则乐，乐则能久。（春秋·子产）

◎俭，德之共也；侈，恶之大也。（春秋·御孙）

◎见善如不及，见不善如探汤。（春秋·孔子）

◎躬自厚而薄责（要求）于人，则远怨矣。（春秋·孔子）

◎有德者必有言，有言者不必有德。（春秋·孔子）

◎为政以德，譬如北辰，居其所而众星共之。（春秋·孔子）

◎道之以德，齐之以礼，有耻且格。（春秋·孔子）

◎其身正，不令而行；其身不正，虽令不从。（春秋·孔子）

◎以修身自强，则名配尧禹。（战国·荀子）

◎欲修其身者，先正其心。（《大学》）

◎成由勤俭败由奢。（俗语）

成语

◎明德惟馨：真正能够发出香气的是美德。

◎德厚流光：道德高尚，影响便深远。

◎导德齐礼：指用道德诱导，用礼教整顿，让百姓归服。

◎俭以养德：节俭有助于养成质朴勤劳的德操。

◎君子怀德：君子心中顾念的是道德。

◎德高望重：品德高尚，声望很高。

◎德艺双馨：形容一个人的德行和技艺都具有良好的声誉。

◎德不配位：指一个人自身的德行无法与其社会地位及待遇相匹配。

第 3 课

修齐治平：士子人生追求的四级阶梯

修齐治平：即修身、齐家、治国、平天下，是中国古代知识分子人生理想的基本模式。语出《大学》："古之欲明明德于天下者，先治其国；欲治其国者，先齐其家；欲齐其家者，先修其身。"

一屋不扫，何以扫天下

据《后汉书·陈王列传》记载，汉代汝南（今河南驻马店一带）有一个青年叫陈蕃，其祖父曾经当过河东的太守，也许受祖父的影响，他从小立下大志，要为天下干出一番事业。在他十五岁的时候，曾经独自住在一间房子里苦读诗书，很少整理打扫庭院房间，到处脏乱不堪。一天，他父亲的朋友薛勤来看他，便问他，你这儿怎么这么脏乱差呀，你也应该整理打扫一下，这才是待客之道吧？陈蕃却朗声答道："大丈夫处世，当扫除天下，安事一室乎！"意思是，大丈夫处世，要以扫除天下为己任，怎么能来整理打扫房间呢？薛勤夸奖了他，认为他志向远大。

清朝有一个与之情节类似而意思相反的故事。当时有个叫刘蓉的学者，是桐城派古文家，曾做过曾国藩的幕僚，写过一篇叫《习惯说》的笔记。他在文中回忆自己小时候曾在一间房里刻苦攻书，一旦有所感悟，就在房间里走来走去，久而久之，房间地面就坑坑洼洼了，自己甚至因此而摔跤，但他从没想过将这凹凸不平的地面整理一下。一天他父亲走进他的房间，看到这情景，就批评了他，说："一室之不治，何以天下家国为？"

"大丈夫处世，当扫除天下，安事一室乎！"恰恰与传统观念相违背，而要扫天下，先扫一屋，这才更符合中国文化的传统观念。这观念便是修身、齐家、治国、平天下。

《大学》首倡修齐治平

中国文化向来重视"修己"，对中国古代文化影响最大的思想家孔子，实际上主要是一个伦理学家、道德学家，他将修身放在了首位，一辈子最担心的是"德之不修，学之不讲，闻义不能徙，不善不能改"（《论语·述而》），他曾说："己欲立而立人，己欲达而达人。"（《论语·雍也》）就是说你要让别人怎么样，你自己先要做到。所以他说："其身正，不令而行；其身不正，虽令不从。"（《论语·子路》）还说："苟正其身矣，于从政乎何有？不能正其身，如正人何？"（《论语·子路》）就是说，不能正己，何以正人？他的弟子有子转述他的思想，说："其为人也孝弟，而好犯上者，鲜矣；不好犯上而好作乱者，未之有也。"在孔子和他的弟子们看来，能处理好家庭关系，就能处理好社会关系，处理好政治问题。

当然，孔子没有明确提出"修身齐家治国平天下"，后来的《大学》才明确提出"修齐治平"。《大学》作者不详，相传为曾参所作，实为秦汉年间儒者所作。《大学》全文仅一千五百多字，主要讨论教育理论，论述儒家修身治国平天下的思想。文中第一次提出儒家修身治国的"三纲八目"，三纲即"明明德""亲民""止于至善"，八目指"修身""齐家""治国""平天下""诚意""正心""致知""格物"。其中"三纲"是目标，"八目"是具体条目即内容。

《大学》中有一段非常有名的话："古之欲明明德于天下者，先治其国；欲治其国者，先齐其家；欲齐其家者，先修其身；欲修其身者，先正其心；欲正其心者，先诚其意；欲诚其意者，先致其知。致知在格物。物格而后知至，知至而后意诚，意诚而后心正，心正而后身修，身修而后家齐，家齐而后国治，国治而后天下平。"

《大学》作者将人生目标设为三个层次，由小到大，第一层次是"齐家"，即治理好家庭、领地；第二层次是"治国"，这里讲的"国"是诸侯国；第三层次，也是知识分子的终极追求，是"明明德于天下"即所谓"平天下"。而这三个层次的人生目标，都必须以"修身"即自我修养为前提，缺此一切都是空中楼阁。为了打好这修身的基础，《大学》提出了修身的四项要求，也即八目的另外四目"诚意、正心、致知、格物"。

知识分子人生追求的阶梯

儒家的"修齐治平"，体现了中国文化"家国同构"的思想方式。中国传统文化以家庭关系和功能为模型，将其推广到国家天下。所以，平天下先要治国，治国先要治家，治家先要修身，修身是齐家治国平天下的前提。由身而家而国而天下，便是知识分子人生追求的四级阶梯。

在四级阶梯中，第一、第二级是基础，第三、第四级是目的。在这里，家庭伦理和政治伦理可以以道德精神一以贯之——在家为孝，在国为忠，忠臣先是孝子，孝子应做忠臣。所以，中国古代特别重视个人的道德修养和家风。有很多家训、家书、诫子书都在谆谆告诫后世子孙，"欲明明德于天下者，先治其国；欲治其国者，先齐其家；欲齐其家者，先修其身"。如大家熟悉的诸葛亮的《诫子书》就说："夫君子之行，静以修身，俭以养德。非淡泊无以明志，非宁静无以致远。"

但是，从人生理想来说，儒家思想一直以天下为己任，修身齐家不是目的，目的在治国与平天下。在这一点上，体现了儒家与道家文化的重要区别：儒道两家，都重视自我修炼，但道家的自我修炼目的在自我，是为提升自我的生命质量，以求长生不老。而儒家的修身，目的在社会，在齐家治国平天下，所谓"克己复礼，天下归仁"，所谓己欲达而达人，所谓"君子笃于亲，则民兴于仁"，正己是为正人。所以，道家的修身是"出世"，是纯粹的"修己"，儒家的修身是"入世"，是"修己以安人"。

齐家治国平天下的典型代表可首推曾国藩。

曾国藩一生严于律己，他一生喜欢记日记，在日记中有许多自我反省。例如，他三十岁以前，有时与朋友交游，玩得忘乎所以，往往在日记中深深自责，反思自己的浮躁。

例如有一次，他早起读完《周易》，便去拜访朋友，然后又去参加

曾国藩像

朋友儿子的婚礼，参加完婚礼，刚想回家读书，又记起朋友的生日，便又去朋友家庆生，直到晚上才回家。当天，他在日记中这样写道："明知尽可不去，而心一散漫，便有世俗周旋的意思，又有姑且随流的意思。总是立志不坚，不能斩断葛根，截然由义，故一引便放逸了。"

他年轻时因为心气高傲，说话直率，经常与人冲突，有时甚至说脏话，过后又深深自责。有一次他在日记中这样反省："小珊前与予有隙，细思皆我之不是。苟我素以忠信待人，何至人不见信？苟我素能礼人以敬，何至人有慢言？且即令人有不是，何至肆口谩骂，忿戾不顾，几于忘身及亲若此！此事余有三大过：平日不信不敬，相恃太深，一也；此时一语不合，忿恨无礼，二也；龃龉之后，人反平易，我反悍然不近人情，三也。恶言不出于口，忿言不反于身，此之不知，遑论其他？"有时看到漂亮异性，难免多瞅几眼，但他也为此而觉得自己失礼，甚而至于批评自己"直不是人，耻心丧尽，更问其他"。

至于曾国藩的"齐家"，他留存下来的三百多封家书，就是他齐家的例证。比如他教育儿子曾纪泽继承祖父的"齐家"之法："第一起早，第二打扫洁净，第三诚修祭祀，第四善待亲族邻里。凡亲族邻里来家，无不恭敬款接，有急必周济之，有讼必排解之，有喜必庆贺之，有疾必问，有丧必吊。"由此形成了曾国藩齐家的"八宝"："早、扫、考、宝、书、蔬、鱼、猪。"即早起、扫屋、孝敬、善待亲友，读书、种蔬、养鱼、养猪。他既教子，也教育自己的兄弟。

他官至两江总督、直隶总督、武英殿大学士，与李鸿章、左宗棠、张之洞并称"晚清四大名臣"；他保住了大清江山，整肃政风、学习西方文化，使晚清出现了"同治中兴"；其学问文章兼收并蓄，博大精深，学问上是近代儒家宗师，文章上是清代桐城派的大家。对曾国藩，梁启超先生曾说他是"有史以来不一二睹之大人"，是"全世界不一二睹之大人"；毛泽东也对曾国藩赞赏不已，说："愚于近人，独服曾文正。"

撷英掇华

《原典》

大学（节选）

大学之道①，在明明德②，在亲民③，在止于至善④。

知止而后有定⑤，定而后能静，静而后能安，安而后能虑，虑而后能得。物有本末，事有终始。知所先后，则近道矣。

古之欲明明德于天下者，先治其国；欲治其国者，先齐其家；欲齐其家者，先修其身；欲修其身者，先正其心；欲正其心者，先诚其意；欲诚其意者，先致其知⑥。致知在格物⑦。物格而后知至，知至而后意诚，意诚而后心正，心正而后身修，身修而后家齐，家齐而后国治，国治而后天下平。自天子以至于庶人，壹是皆以修身为本。

①大学之道：大学的宗旨。大学：在古代其含义有两种："博学"之态及与"小学"相对的"大人之学"。古代儿童八岁上小学，主要学习"洒扫、应对、进退、礼乐射御书数"之类的文化课和基本的礼节。十五岁后可进入大学，开始学习伦理、政治、哲学等"穷理正心，修己治人"的学问。②明明德：第一个"明"是动词，彰显、发扬之意。明德：美好的德行。③亲民：一说是"新民"，使天下人弃旧图新。④止于至善：达到善的最高境界。⑤知止：明确目标所在。定：确定的目标、志向。⑥致其知：让自己求得知识和智慧。致：求得。⑦格物：推究事物原理。

文本大意 大学的宗旨在于弘扬光明正大的品德，在于使人弃旧图新，在于使人达到最完善的境界。

知道应达到的境界才能志向坚定；志向坚定才能镇静不躁；镇静不躁才能心安理得；心安理得才能思虑周详；思虑周详才能有所收获。每样东西都有根本有枝末，每件事情都有开始有终结。明白了这本末始终的道理，就接近事物发展的规律了。

古代那些要想在天下弘扬光明正大品德的人，先要治理好自己的国家；要想治理好自己的国家，先要管理好自己的家庭和家族；要想管理好自己的家庭和家族，先要修养自身的品性；要想修养自身的品性，先要端正自己的心思；要想端正自己的心思，先要使自己的意念真诚；要想使自己的意念真诚，先要使自己获得知识；获得知识的途径在于认识、研究万事万物。通过对万事万物的认识、研究后才能获得知识；获得知识后意念才能真诚；意念真诚后心思才能端正；心思端正后才能修养品性；品性修养后才能管理好家庭和家族；管理好家庭和家族后才能治理好国家；治理好国家后天下才能太平。上自国家元首，下至平民百姓，人人都要以修养品性为根本。

名言

◎刑（通"型"，榜样）于寡妻，至于兄弟，以御于家邦。（《诗经》）

◎己欲立而立人，己欲达而达人。（春秋·孔子）

◎苟正其身矣，于从政乎何有？不能正其身，如正人何？（春秋·孔子）

◎不能爱人，不能有其身；不能有其身，不能安土；不能安土，不能乐天；不能乐天，不能成其身。（春秋·孔子）

◎古之欲明明德于天下者，先治其国；欲治其国者，先齐其家；欲齐其家者，先修其身；欲修其身者，先正其心。（《大学》）

◎自天子以至于庶人，壹是皆以修身为本。（《大学》）

◎故为政在人，取人以身，修身以道，修道以仁。（《中庸》）

◎博厚，所以载物也；高明，所以覆物也；悠久，所以成物也。（《中庸》）

成语

◎修身洁行：提高自己的品德修养，使自己的行为更合乎道德规范。

◎深自砥砺：形容自己努力磨炼自己，以期大有所为。

◎砥行立名：磨砺德行，建树功名。

◎慎身修永：为长治久安而真诚修身。

◎澡身浴德：修养身心，使纯洁清白。

◎治国安邦：意思是使国家安定太平。

第 4 课

独善兼济：中国士子的律己精神

"穷则独善其身，达则兼善天下。"语出《孟子》，意思是：在不得志的时候要洁身自好，保持自身的品德修养，在得志的时候要使天下受到恩惠。

慎独修身，达志兼济

独善兼济，是孟子在他的著作《孟子·尽心上》中提出来的，原文是"穷则独善其身，达则兼善天下"，后来人们将"兼善天下"改成了"兼济天下"。这句话虽然是孟子提出来的，但这思想应该还是源于孔子。或者说，独善兼济应是儒家思想发展的必然。

儒家之学，《论语》之学，是修身之学。整本《论语》，就是在讨论读书人怎么修身，怎么治国。曾参强调，"吾日三省吾身"，孔子要求君子"食无求饱，居无求安"，安贫乐道；要求君子无论世道如何，都要保持自我品格，不可不择手段追求富贵，君子爱财也要取之有道；要求君子见贤思齐，见善思及，要以仁为己任，居家则独善，在乡则孝悌，一旦有所作为，就要弘道，就要不辱君命。

相应地，儒家从独善出发，提出了慎独。"慎独"一词最早见于《礼记》的《大学》和《中庸》两篇文章。《大学》里说："所谓诚其意者，毋自欺也。如恶恶臭，如好好色，此之谓自谦。故君子必慎其独也。"《中庸》里说："道也者，不可须臾离也；可离，非道也。是故君子戒慎乎其所不睹，恐惧乎其所不闻。莫见乎隐，莫显乎微。故君子慎其独也。"

用今天的话说，慎独的意思就是在独处时能谨慎不苟，实际上就是独善其身的意思。所不同的是，慎独之说告诉我们独善是有难度的，要慎之又慎。除非大奸大恶之人，在众目睽睽之下，一般人总会表现出善的一面，这是监督的作用。一旦失去监督，往往就有可能为所欲为。这样的善，实际上是伪善，是做给别人看的善，不是发自内心的善，因此《大学》提出了"三纲八目"，"诚意""正心"为"八目"之二。诚意是真善，真善就要慎独。

说到慎独，在《论语》里有颜回的例子，《论语·雍也》中说："贤哉回也！一箪食，一瓢饮，在陋巷，人不堪其忧，回也不改其乐。"这还可能只是"独善"，东汉有一个更典型的"慎独"的例子。据《后汉书·杨震传》记载，东汉时候，大儒杨震到东莱去当太守，赴任途中，路过昌邑县。县令王密是他当年举荐的秀才，这天深夜怀揣十斤黄金，到驿馆前来拜会他。当王密拿出黄金时，杨震大吃一惊，严肃地说："你怎么能这样做呢？"不料这王密说："夜深人静，谁人知道？"仍然一个劲儿地将黄金往杨震怀里推，这时，杨震义正词严地说："天知，地知，你知，我知，怎么能说无人知道？"王密只得惭愧而归。这个历史故事应该体现了"慎独"的真实含义，为我们树立了"慎独"的典范。可以说，杨震的道德修养已经真正达到了"慎独"的境界。

儒道修身，目的有别

在儒家，修身不是目的，目的在齐家，在治国，在平天下。"独善""慎独"，最终要指向"兼济"。

可以和道家做一下比较。

道家也许更偏重自然的人，儒家则更偏重社会的人。道家更重视自我的保身与舒泰，儒家更重视社会责任。道家做人，在乎一个"真"字，不妨率性；儒家做人，在乎一个"仁"字，或者一个"忠"字，强调责任。

比如，儒家和道家都强调"安贫乐道"，但是仔细分析这安贫乐道，儒道两家却有很大不同。道家的安贫是绝对的安贫，是骨子里的安贫，是反对物质享受，是要回归原生状态，他们认为那才是快乐的。儒家的安贫，本质上不是安贫，孔子说："富与贵，是人之所欲也；不以其道得之，不处也。贫与贱，是人之所恶也；不以其道得之，不去也。"儒家心中是想着富贵的，只是君子爱财须取之有道。所以只要有机会，只要合乎正道，不妨大胆争取富与贵。

在思考"独善兼济"的时候，也需要想想"兼善"或"兼济"的"兼"

字，兼是同时兼顾，兼顾的一边是天下，那么另一边呢？应该是自身。所以，所谓兼济天下，就是在自己富贵、得意的时候，你要考虑天下，不能只顾自己快活，所以儒家的兼济天下实际是孟子"推己及人"思想的体现。可见，儒家的兼济天下思想里有取富贵的意思，只是要以正道取富贵，在取富贵的时候，不能只为自己，要兼济，要同时使天下的人也得到富贵。所以儒家的"安贫"是暂时的，是有条件的，是为了保持自己的品德修养。不像道家的安贫，是永远的，是彻底的，是无条件的。在道家看来，贫就是快乐，所以他们要绝圣弃智，要使人"复结绳而用之"，要回到原始状态去。

那么"乐道"呢？其实二者也有很大差别。道家的"乐道"，乐的真是"道"，就是那个自然之道，回到人生自然状态、初始状态，然后自得其乐，在这种状态下去享受生命的真正快乐。在道家看来，物质是外加的，文化是外加的，都不是人应该追求的真正的快乐，真正的快乐是生命的自我体验，是人与自然的和谐一致，是顺其自然的通泰的生命状态。而儒家的"乐道"，实际上是乐"仁"，是以体验"仁"为快乐，是以实践儒家的道德规范为乐趣，这种乐是为"人"（他人）的乐，所谓"仁者爱人"。所以，儒家之乐是乐"人"之乐，道家之乐是乐"己"之乐。

从社会的角度说，儒家是伟大的，儒家始终在为他人而活，为社会而活，为建立一种伦理的秩序而活，所以，儒家虽然也为自身之忧而忧，为自身之乐而乐，但正如范仲淹说的，这种为己的忧乐必须是"先天下之忧而忧，后天下之乐而乐"。如果说儒家是伟大的，那么道家是可爱的，如果说儒家的乐是"伦理之乐"，是"他人之乐"，是"社会之乐"，那么道家的乐，是"生命之乐"，是"自己之乐"，是"率性之乐"。所以，道家是生命哲学，儒家是伦理哲学。

道家的安贫乐道，一定是回归自我、回归真我。儒家的安贫乐道，目的是为回馈社会、影响他人，所以兼济天下一定是儒家的必然选择，或者说，"独善其身"的目的还在"兼济天下"。可见，自强不息，慎独兼济，仁者爱人，等等，是儒家的必然。为什么社会的主流思想会是儒家？为什么民间却偏向道家？当然是有原因的。儒者刚健进取、积极入世；道家遁世退隐、消极出世。两者各有优长，互为补充，表里相辅，古代知识分子常常表现为外儒内道，以儒兼济，以道修身。

孔偏独善，孟重兼善

上面是说儒道的区别。如果从儒家本身来说，在孔子那里，谈个人修身谈得更多，更偏重于独善。也许是因为孔子所处的时代是春秋奴隶制土崩瓦解的时代，相对更黑暗。孔子到处碰壁，最后不得不退而授徒。在那个时代，兼济的平台太少。

孟子的时代虽然也还是黑暗的，但毕竟已是战国，是封建制逐步建立的时代，所以孟子雄心勃勃、非常自信。正因为在独善的同时有更多兼济的机会，所以他提出了独善兼济的主张："故士穷不失义，达不离道。穷不失义，故士得己焉；达不离道，故民不失望焉。古之人，得志，泽加于民；不得志，修身见于世。穷则独善其身，达则兼善天下。"在独善与兼善两者之间，他似乎更偏向于兼善。读孟子之文，处处都能感受到他的自信、他的大气磅礴、他的浩然之气。在他看来，什么叫大丈夫？"居天下之广居，立天下之正位，行天下之大道。得志与民由之，不得志独行其道。富贵不能淫，贫贱不能移，威武不能屈。此之谓大丈夫。"大丈夫不是得志便猖狂的人，不是有权有势、搅得天下不安宁的人，而是泽被苍生的人，行天下之大道的人。读孟子之文，总能受到一种鼓舞，总能让人热血沸腾。

修身养德，兴亡有我

儒家的独善兼济鼓舞激励了一代又一代的读书人。

且看两段大家熟知的名言。

一段是诸葛亮的《诫子书》：

夫君子之行，静以修身，俭以养德。非淡泊无以明志，非宁静无以致远。夫学须静也，才须学也，非学无以广才，非志无以成学。慆慢则不能励精，险躁则不能冶性。年与时驰，意与日去，遂成枯落，多不接世，悲守穷庐，将复何及。

在这里，静以修身、俭以养德，是独善，淡泊宁静是独善，但是独善的目的是明志，是致远，诸葛亮所担心的是"遂成枯落，多不接世，悲守穷庐"，可见目的就在于兼济。读书人独善之时，在干什么？他不仅在"励精"，不仅在"冶性"，更在读书，更在广才，更在成学。所以，"亮躬耕陇亩，好为《梁父吟》。身长八尺，每自比于管仲、乐毅，时人莫之许也。惟博陵崔州平、颍川徐庶元直与亮友善，谓为信然"，独善是为兼济做准备。果然，你看后来刘备三顾茅庐找到诸葛亮，发现这么一个年纪轻轻的读书人，竟然对天下大事了然于胸，分析精微。可见他在茅庐的独善为兼济做好了充分的准备。

另一段文章是刘禹锡的《陋室铭》：

山不在高，有仙则名。水不在深，有龙则灵。斯是陋室，惟吾德馨。苔痕上阶绿，草色入帘青。谈笑有鸿儒，往来无白丁。可以调素琴，阅金经。无丝竹之乱耳，无案牍之劳形。南阳诸葛庐，西蜀子云亭。孔子云：何陋之有？

这篇文章，无疑表现了刘禹锡不慕名利、安贫乐道的高洁志趣与

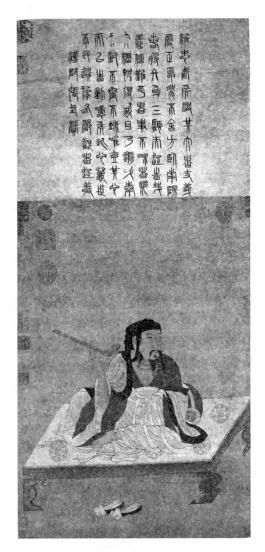

诸葛亮像（赵孟頫 绘）

精神追求，但是，仔细读读文章，你当会发现为什么"谈笑有鸿儒，往来无白丁"。聊友都是文化名人，所交殊非泛泛之辈。尤其是"南阳诸葛庐，西蜀子云亭"，诸葛亮，三国杰出谋士；扬子云（扬雄），汉代辞赋大家；一武功，一文治。刘禹锡在独善之时，仍然不忘其兼济之志啊！

这，就是中国的文人，这，就是在独善兼济的文化熏陶下的文人，他们一方面不断完善自身修养，另一方面，永远不会忘记自己的社会责任。

 撷 英 掇 华

《原典》

孟子谓宋勾践①曰："子好游乎？吾语子游②。人知之，亦嚣嚣③；人不知，亦嚣嚣。"

曰："何如斯可以嚣嚣矣？"

曰："尊德乐义，则可以嚣嚣矣。故士穷不失义，达不离道。穷不失义，故士得己焉；达不离道，故民不失望焉。古之人，得志，泽加于民；不得志，修身见于世。穷则独善其身，达则兼善天下。④"（《孟子·尽心上》）

①勾践：人名，非越王勾践。②吾语子游：我告诉你怎样游说。③嚣（áo）：通"敖"。嚣嚣：悠然自得或傲慢的样子。④穷：处境不好，不得志。达：得志亨通。

文本大意 孟子对宋勾践说："你喜欢游说吗？我告诉你游说（的态度）。人家理解，我悠然自得无所求；人家不理解，我也悠然自得无所求。"

勾践问道："怎样就能做到悠然自得无所求呢？"

孟子说："崇尚道德，爱好正义，就能悠然自得无所求。所以士人穷困时不失义，得志时不背道。穷困时不失义，所以士人能保持自我；得志时不背道，所以不会使百姓失望。古代的人得志时施给人民恩泽，不得志时修养品德立身在世。

穷困时独自保持自己的善良品性，得志时要使天下人普受恩惠。"

　　所谓诚其意者，毋①自欺也。如恶恶臭，如好好色②，此之谓自谦③。故君子必慎其独④也。小人闲居⑤为不善，无所不至，见君子而后厌然⑥，掩其不善，而著其善。

　　人之视己，如见其肺肝然，则何益矣。此谓诚于中，形于外，故君子必慎其独也。

　　曾子曰："十目所视，十手所指，其严乎！"富润屋，德润身⑦，心广体胖⑧，故君子必诚其意。(《大学》)

　　①毋：不要。②恶（wù）恶（è）臭（xiù）：厌恶腐臭的气味。好（hào）好（hǎo）色：喜爱美丽的女子。③谦：满足，心安理得的样子。④慎其独：在独自一人时也谨慎不苟。⑤闲居：即独处。⑥厌然：躲躲闪闪的样子。⑦润屋：装饰房屋。润身：修养自身。⑧心广体胖（pán）：心胸宽广，身体舒泰安康。胖：大，舒坦。

　　文本大意　所谓使意念真诚，就是不要自己欺骗自己。要像厌恶腐臭的气味一样，要像喜爱艳丽的美色一样，一切都发自内心。所以，君子独处的时候，也一定要谨慎。品德低下的人在私下里无恶不作，一见到君子便躲躲藏藏，掩盖自己所做的坏事而表现自己好的一面。

　　其实别人看你时，就像能看见你的心肺肝脏一样，掩盖有什么用呢？内心的真实一定会表现到外表。所以，君子独处的时候，也一定要谨慎。

　　曾参说："许多双眼睛看着，许多手指着，这难道不令人畏惧吗?！"财富可以装饰房屋，品德却可以修养身心，使心胸宽广、身体舒泰。所以，君子一定要使自己的意念真诚。

《 名言 》

◎贤哉回也！一箪食，一瓢饮，在陋巷，人不堪其忧，回也不改其乐。(春秋·孔子)

◎穷则独善其身，达则兼善天下。(战国·孟子)

◎莫见乎隐，莫显乎微。故君子慎其独也。(《中庸》)

◎捐躯赴国难，视死忽如归。(三国·曹植)

◎兰生幽谷，不为莫服而不芳；舟在江海，不为莫乘而不浮；君子行义，不为莫知而止休。(《淮南子》)

◎安得广厦千万间，大庇天下寒士俱欢颜。(唐·杜甫)

◎愿得此身长报国，何须生入玉门关。(唐·戴叔伦)

◎先天下之忧而忧，后天下之乐而乐。(宋·范仲淹)

◎位卑未敢忘忧国。(宋·陆游)

◎僵卧孤村不自哀，尚思为国戍轮台。(宋·陆游)

◎独之外，别无本体，慎独之外，别无工夫。(明·刘宗周)

◎保天下者，匹夫之贱与有责焉耳矣。(清·顾炎武)

◎苟利国家生死以，岂因祸福避趋之。(清·林则徐)

成语

◎洁身自好：保持自身纯洁，不同流合污。

◎真独简贵：独处时谨慎，富贵时简省。

◎推己及人：用自己的心思来推想别人的心思；设身处地替别人着想。

◎先忧后乐：忧虑在天下人之先，安乐在天下人之后。

◎与民同乐：原指君王行仁政，与民休戚与共，同享欢乐。后泛指领导与群众一起游乐，共享幸福。

◎求志达道：隐居以保全自己的意志，行义以贯彻自己的主张。

◎施仁布泽：给人以仁德和恩惠。

◎泽被苍生：恩惠遍及众多生命。

第 5 课

孝悌忠信：人伦规范的框架，治国理念的核心

孝悌忠信，指人应具备的"孝顺父母""尊敬兄长""忠于君主""取信于友"的道德标准。语出《孟子·梁惠王上》："壮者以暇日修其孝悌忠信，入以事其父兄，出以事其长上，可使制梃以挞秦楚之坚甲利兵矣。"

孝悌忠信的文化难题

所谓孝，是指孝顺父母及亲近的长辈；所谓悌，指尊敬兄长，兄弟姐妹间亲密和谐；忠是忠于君主与上级；信是信守承诺，取信于朋友。

谈中华文化，最不缺事例的就是孝悌忠信。

"孝"的故事如著名的"二十四孝"，其中有孔子弟子曾参事母至孝的"啮指痛心"，汉文帝刘恒侍奉母亲的"亲尝汤药"，汉代董永的"卖身葬父"。

"悌"的故事，如"庾衮侍疫"，讲的是晋朝时一个叫庾衮的男子亲自侍候得了瘟疫的兄长的故事。

"忠"的故事就太多了，像比干死诤，苏武牧羊，岳母刺字，文天祥宁死不降等。

"信"的故事也有不少。如"朱晖许堪"的故事，讲的是东汉时一个叫朱晖的太学生，与同乡张堪结为忘年交，张堪说要将妻儿托付给朱晖照顾，朱晖觉得责任重大，并未当即答应。后来张堪死了，朱晖却一直周济张堪的妻儿。再如"季札挂剑"，讲的是春秋时吴国公子季札去拜会徐国国君，徐国国君不仅为公子季札的气质所征服，也被公子季札腰间的佩剑所吸引，不时流露出羡慕的眼神。季札暗想等完成使命回来，一定要将此剑送给徐国国君。不料等他完成使命返回时，徐国国君却已去世，季札来到他的墓旁，悲戚地将那把长剑挂在了墓旁的树上，算是完成了心中对他的承诺。

孝悌忠信，尤其是孝和忠，是中华传统文化最显著的特色，却也是传统文化中最遭人诟病的观念。一些学者认为孝悌忠信有太多的糟粕，是封建社会的旧道德和旧传统，违情悖理，愚弄百姓，不能算是优秀传统文化。比如，父母与子女之间到底应该是什么关系？臣子与君王之间，下级与上级之间是一种依附关系吗？父母君上行为不对或品行不端，是否也该孝与忠？父母之命、君上之命不管正确与错误，

延陵挂剑图（张宏 绘）

是否都不能违背？同样，朋友之间，"义"大还是"法"大？孝悌忠信是否违背法治精神？赡养父母与个人事业哪个更重要？等等，这些可能会给人带来一连串的质疑。

所以，列举孝悌忠信的故事不难，对孝悌忠信字面意思的理解难度也并不大，难点在于怎么理解其精神实质，怎么弄明白它为什么会招来如此多的诟病，它到底有没有价值，有什么样的价值。

孝悌忠信的文化路径

在讨论"家国天下"时，我们曾提到中国文化是一种特别重视家的文化，而这种"家的文化"在中国历史上有其特别的政治功能，因为中国文化的发展路径是以血缘为基础，以家的关系功能和伦理为范型，推行于国又推行于天下的路径。

著名历史学家侯外庐先生曾指出，我们的祖先在告别氏族组织而成立国家的时候，走的是一条维新的路线，我们并没有消灭血缘氏族关系，而是将其带入国家的范畴，以家的精神来组织国，从而形成了"家庭—家族—国家"一体化的组织结构。所以，我们的"国"叫"国家"。

《周易·序卦》中说："有万物，然后有男女。有男女，然后有夫妇。有夫妇，然后有父子。有父子，然后有君臣。有君臣，然后有上下。"在中国人眼中，父母与君王、兄姐与上级、妻室与同僚、弟妹与下级、子女与百姓，一一对应。《孟子·公孙丑》中引景丑的话说："内则父子，外则君臣，人之大伦也。父子主恩，君臣主敬。"

"孝悌忠信"就是这种"由家而国"的思维路径形成的具体的伦理规范。德国哲学大师黑格尔就曾指出，"中国终古不变的宪法的'精神'是'家庭的精神'"，中国"家庭的基础也是'宪法'的基础"，"中国纯粹建筑在这种道德家庭的关系的结合上，国家的特性便是客观的'家庭孝敬'"。

孝悌忠信在儒学中的地位

使"孝悌忠信"成为人们日常伦理规范的，无疑是孔子。作为思想家的孔子，在哲学思考上相对贫弱，所以他本质上不是哲学家，更应该是一位伦理学家，或者叫伦理哲学家。但除此之外，他还应该是一位政治学家，因为他的理论思想的本质不在个体生命质量的提升，而在于个体在社会中的价值显现。儒家后来有"修身齐家治国平天下"的人生规划，修身的目的，不在自身境界的提升，而在治国平天下。

孔子伦理思想体系的核心是"仁"，但"仁"是一个抽象的概念，是一种精神，作为一种精神，它必须有具体的外在的伦理规范。这种伦理规范，就是忠恕，就是"孝悌忠信"。

"孝悌忠信"是孔子思想核心"仁"的必然表现，在孔子看来，它们也是"行政"的必然要求。所以，孝悌忠信自然是《论语》中非常重要的道德规范，在《论语》中有非常多的论述，但都是散见于各篇章。《论语》全文，"仁"字出现一百零九次，"孝"字出现十九次，"悌"字出现五次，"忠"字出现十八次，"信"字出现三十八次。"孝"与"忠"出现频率相当，"信"出现频率很高，其中表"确实"义副词两次，表"相信"义十一次，其余二十五次，主要是表"诚实不欺""信任"。其实，"相信"的含义本身也包含有"诚实不欺"和"信任"的意思。而"诚实不欺"和"信任"里面，就有许多"忠"的成分。所以，"信"和"忠"可以互相参看。

"孝悌忠信"在儒家思想中占据十分重要的地位，是仁的根本。有子说："孝弟也者，其为仁之本与！"它也是政治的根本："其为人也孝弟，而好犯上者，鲜矣；不好犯上而好作乱者，未之有也。"孔门认为"孝乎惟孝，友于兄弟"，就是为政；当齐景公问政，孔子提出"君君，臣臣，父父，子子"，孝悌忠信就是政治。当子贡问怎么为政，孔子将"信"摆在第一位，所谓"民无信不立"。孝悌忠信，"孝"是核心，"忠"是目的。孔门倡导"孝悌忠信"，是从"仁"的基本思想出发，更是从政治的需要出发。

正因为这样，孔子将实践"孝悌忠信"当作学生学业修习的核心："贤贤易色；事父母，能竭其力；事君，能致其身；与朋友交，言而有信。虽曰未学，吾必谓之学矣。"其他则是其次："弟子入则孝，出则弟，谨而信，泛爱众而亲仁，行有余力，则以学文。"所以，与其说"孝悌忠信"是孔子的伦理思想，不如说是其政治思想。

《论语》还对"孝悌忠信"提出了具体的规范和要求。对于"孝"，似乎有这么几条原则：一是以"礼"为基本原则，事之以礼，葬之以礼，祭之以礼。二是"敬"重于"养"，养是动物的要求，敬才是人的规范。三是要做到有敬爱和悦的脸色。四是"父为子隐"。前三点似乎没有大的问题，第四点可能会引来诟病，尤其是在法治社会的今天，在倡导大义灭亲的今天，遇到了尴尬。关于"悌、信、忠"的具体规范说得不太多，在"孝悌忠信"中，"孝"是首要的，做到了"孝"，其他就不是太难。

后来《孝经》假托孔子与曾参对话，将孔子的这一思想加以具体阐发。虽然相传此书为孔子所作，但应该不是孔子所作，更有可能是曾参所作。但是，《孝经》的主要内容基本符合孔子"孝"的观念，全书以"孝"为修身治国之本，倡导"孝"的目的不在家，而在国，"夫孝，始于事亲，中于事君，终于立身"，要想在社会立足，"孝"是关键。

孝，几乎成为整个社会伦理体系的一个生发点，"以孝事君则忠，以敬事长则顺。忠顺不失，以事其上，然后能保其禄位，而守其祭祀"。统治者倡导"孝"的目的是"化民"，用今天的话说，就是精神文明建设，如"先之以敬让，而民不争；导之以礼乐，而民和睦；示之以好恶，而民知禁"，"教民亲爱，莫善于孝。教民礼顺，莫善于悌。

移风易俗，莫善于乐。安上治民，莫善于礼。礼者，敬而已矣。故敬其父，则子悦；敬其兄，则弟悦；敬其君，则臣悦；敬一人，而千万人悦"，"教以孝，所以敬天下之为人父者也。教以悌，所以敬天下之为人兄者也。教以臣，所以敬天下之为人君者也"。这些都是孔子思想的具体解释。

"孝"是历朝治国的核心理念

"孝"作为中国传统治国核心理念，始于汉朝。"以孝治天下"是汉代统治的典型政治特征，其中最著名的是汉文帝。他侍奉母亲，躬行孝道，"亲尝汤药"是著名的"二十四孝"故事之一。汉文帝甚至能为成全孝道而废止酷刑，"缇（tí）萦（yíng）救父"的故事讲的就是这件事。

当时有个正直的读书人叫淳于意，他不愿与腐败的官僚为伍而辞官行医，但在一次治病时得罪了权贵，权贵状告他误诊害死人命。按当时的法律，当判淳于意"肉刑"，或在脸上刺字，或割去鼻子，或砍去一只脚。这时淳于意的小女儿淳于缇萦来到长安，托人写了一封奏章解救父亲。淳于缇萦在奏章中说她情愿被官府收为奴婢，以替父亲赎罪，让父亲有改过自新的机会。奏章写得情真意切，十分动人。汉文帝被勇敢的小姑娘的孝心所感动，于是召集大臣发布命令，废除了残忍的肉刑。

为了强化行孝的行政手段，汉朝专门设置了"孝悌常员"，让其掌管孝行事务，褒奖行孝悌者，严惩"不孝罪"者，宣传杰出"孝子"，并开设"察举孝廉"选拔官吏，颁布养老诏，设《孝经》博士、《孝经》师推广孝道。而且，从汉朝的第二个皇帝开始，汉朝皇帝谥号大多都有"孝"字，如孝惠皇帝刘盈、孝文皇帝刘恒、孝景皇帝刘启、孝武皇帝刘彻、孝昭皇帝刘弗陵、孝宣皇帝刘询、孝元皇帝刘奭、孝成皇帝刘骜、孝哀皇帝刘欣、孝平皇帝刘衎（kàn）等。

晋朝李密在《陈情表》中说："伏惟圣朝，以孝治天下。"

唐代实际上也是以孝治国。唐玄宗曾两次注疏《孝经》，目前流行的《孝经》主要版本就是唐玄宗注疏本。唐代科举考试，《孝经》是必考科目。而且唐朝对"孝"进行了繁多的法律规范，《唐律》中涉及"孝"的内容多达五十八条。

宋代更是将以孝治国推到了极致。除了皇帝"躬亲孝行"之外，宋代理学家也对"孝"进行了多种多样的阐释，尤其是朱熹，提出"存天理，灭人欲"的思想，将人自然属性的"孝"牢牢地桎梏于封建礼教之中，明确提出"忠孝合一"。

在明代，"孝子皇帝"朱元璋以身作则，躬行孝道；明成祖制有十卷本《孝顺事实》，将"孝"置于百善之首。清代世祖顺治、圣祖康熙、世宗雍正都曾亲自注解《孝经》。

从简单的历史回顾中可以看出，"孝"在中国传统理论与政治生活中具有非常重要的地位。历朝历代，如此推行孝道，固然有敦厚纲常伦理、美化社会风气的伦常目的，更有"由孝而忠"、维护自身统治的目的。

忠孝文化的原始本质与价值

忠孝文化为什么会引来许多诟病呢？主要原因在于腐儒们将"孝悌忠信"推到极致之后，形成了愚忠愚孝的观念，比如什么"君要臣死，臣不得不死，父要子亡，子不得不亡"，什么"割股疗亲"，以及由此带来的哥们义气，等等，这都是"孝悌忠信"带来的副产品。

但是必须明白，"愚忠愚孝"不是中华文化"孝悌忠信"的本质，原始的中国文化或者说真正的中国文化本身就反对"愚忠愚孝"，中国思想史源头的思想家们对此有过许多论述。

孔子也反对愚忠愚孝。翻遍《论语》，也找不到类似于"君要臣死，臣不得不死；父要子亡，子不得不亡"的论述。孔子的"君君，臣臣，父父，子子"，常常成为人们批判的对象，其实人们只看到了这句话的"臣臣，子子"，却忽略了"君君，父父"。"君君，父父"是说"君要像个君，父要像个父"。"君君"在前，"臣臣"在后；"父父"在前，"子子"在后。"君君""父父"是臣与子"忠孝"的前提。所以，他强调"君使臣以礼，臣事君以忠"，"以道事君，不可则止"。事君以忠的前提是君使臣以礼，事君的原则是"道"，不合道义的忠君，不是他提倡的。

《孔子家语·三恕第九》记载，子贡曾问孔子："子从父命，孝乎？臣从君命，贞（忠贞）乎？"孔子却说："子从父命，奚讵（怎么就）为孝？臣从君命，奚讵为贞？夫能审其所从，之谓孝、之谓贞矣。"审其所从，就是要看他"从"和"忠"的是什么，合不合道义。《孔子家语》中还记载过一个"曾子挨打"的故事：曾参犯了小过，其父曾皙一怒之下用棍棒将他打昏了。曾参醒后问父亲："刚才我犯了过错，您老教训我，没伤着您吧？"说完后回房弹琴而歌，以表示他挨打后身体没有不适。事后孔子批评道："挨父亲的暴打，打死也不躲避，若果真被打死，不是陷父亲于不义吗？这是最大的不孝。"

晏婴是孔子同时代比孔子略早的人，他明确反对"谀忠"，反对谄媚、伪忠。他从梁丘据事事顺从景公，分析出其目的只在"专宠"，因此梁丘据的所谓忠，目的是自己得利，而不是真的为君王好。他在《晏子春秋·内篇·问上》中大胆提出"有难不死，出亡不送"的主张，认为真正的忠，就是要"纳善于君"，"不与君陷于难"，要"不掩君过"。

后来孟子、荀子发挥并发展了这一思想。齐宣王曾问孟子："臣弑其君，可乎？"孟子断然回答："贼仁者谓之贼，贼义者谓之残，残贼之人，谓之一夫。闻诛一夫纣矣，未闻弑君也。"在孟子看来，君不像君，杀之何妨！《荀子·子道》篇提出了一个问题，即"忠孝"二字涉及"从"的问题，从忠孝观念说，臣与子对君与父，臣与子应该顺从君与父，但是许多时候，君不像君，父不像父，该怎么办呢？为此，荀子提出一条顺从的基本原则，那就是道与义："从道不从君，从义不从父，人之大行也。"这就从理论上彻底否定了置正义与法制于不顾的愚忠与愚孝，也正是这句话，让许多文人士子在"忠孝"观念的压力之下，仍能保持独立的品格与精神，让忠孝不再教条。

今天我们千万不能因为腐儒们的愚忠愚孝而否定了传统文化中的"孝悌忠信"这一传统美德，而应充分挖掘其文化价值，剔除"孝悌忠信"文化中极端主义的糟粕，以正义和法制为基点，让"孝悌忠信"的传统重放光芒。

要充分认识到，在中国古代，忠孝文化是从个体亲身体验出发，由"孝"而"悌"而"忠"而"信"，它从调节家庭、家族关系开始，向外逐渐推广，广泛辐射，最终使家庭伦理规范顺理成章地推广为社会伦理规范、国家政治规范，使社会公德的建立具有私德的体验基础，有助于从私德向公德的自然转换。忠孝文化有效协调了从家庭到家族到集体到国家的各个层面、各个系统的关系，有效维护了整个社会系统的稳定、和谐。

孝悌忠信，与"文明、和谐、爱国，敬业、友善，诚信"等社会主义核心价值观有文化和逻辑上的渊源关系。一个文明和谐的社会，当然应该是一个尊老爱幼、孝敬父母的社会；一个敬业、诚信的人，当然应该是一个对职业、对服务的对象、对同事、对朋友、对组织信守承诺的人；一个友善的人，也应该是具有"民胞物与"的情怀，能以兄妹般的情感对待朋友、同事、邻里的善良的人。

因此，只要不像腐儒那样将"孝悌忠信"极端化，处理好家庭、家族、法律的关系，处理好个人人格平等独立与伦理的关系，处理好个人事业发展与家庭、父母的关系，"孝悌忠信"的文化传统完全可以成为促进现代人际关系和谐、保持社会稳定的重要因素。

撷英掇华

原典

《论语》论"孝悌忠信"

其一

有子曰："其为人也孝弟①，而好犯上者，鲜矣；不好犯上而好作乱者，未之有也。君子务本，本立而道生。孝弟也者，其为仁之本与！"

其二

曾子曰："吾日三省吾身：为人谋而不忠乎？与朋友交而不信乎？传不习乎？"

其三

子曰："弟子入则孝，出则弟，谨而信，泛爱众而亲仁，行有余力，则以学文。"

其四

子夏曰："贤贤易色②；事父母，能竭其力；事君，能致③其身；与朋友交，言而有信。虽曰未学，吾必谓之学矣。"

其五

子曰："君子不重则不威，学则不固。主忠信，无友不如己者，过，则勿惮改。"

其六

有子曰："信近于义，言可复也④。恭近于礼，远耻辱也。因不失其亲，亦可宗也⑤。"

①弟：通"悌"（tì），敬爱兄长。②贤贤易色：看重贤德，不重容貌。③致：贡献，献出。④信近于义，言可复也：许下的诺言合乎正义，才能兑现。⑤因：依靠。宗：归依，归向。

文本大意

其一

有子说："为人孝顺父母，顺从兄长，而喜好冒犯上级的，这样的人很少。不喜欢冒犯上级，而喜好造反的从来没有过。君子专心致力于根本的事务，根本建立了，治国做人的原则也就有了。孝顺父母、顺从兄长，这就是仁的根本啊！"

其二

曾参说："我每天多次反省自己，为别人办事是不是尽心竭力了呢？同朋友交往是不是做到诚实可信了呢？老师传授给我的学业是不是复习了呢？"

其三

孔子说："弟子们回到家里，要孝顺父母；出门在外，要顺从师长，言行谨慎，诚实可信，寡言少语，博爱众人，亲近仁德。做到这些还有余力的话，就去学习文献与文学。"

其四

子夏说："要看重妻子的贤德而不是色相，侍奉父母能尽心尽力，服侍君主能不惜生命，同朋友交往时说话诚实守信。这样的人，即使他自己说没有学习过，我一定说他已经学习过了。"

其五

孔子说："君子不庄重就没有威严；学习时不要闭塞拘泥；要以忠信为主，不要同品德赶不上自己的人交朋友；有了过错，就不要怕改正。"

其六

有子说："讲信用要符合义，这样的承诺才能兑现；恭敬要符合礼，这样才能远离耻辱；要去亲近可依靠的人，这样才能真正靠得住。"

《孝经》^①选读

子曰："孝子之事亲也，居则致其敬，养则致其乐，病则致其忧，丧则致其哀，祭则致其严。五者备矣，然后能事亲。事亲者，居上不骄，为下不乱，在丑不争。居上而骄则亡，为下而乱则刑，在丑而争则兵。三者不除，虽日用三牲^②之养，犹为不孝也。"（《纪孝行章》第十）

子曰："教民亲爱，莫善于孝。教民礼顺，莫善于悌。移风易俗，莫善于乐。安上治民，莫善于礼。礼者，敬而已矣。故敬其父，则子

悦；敬其兄，则弟悦；敬其君，则臣悦；敬一人，而千万人悦。所敬者寡，而悦者众，此之谓要道也。"（《广要道章》第十二）

子曰："君子之事亲孝，故忠可移于君。事兄悌，故顺可移于长。居家理，故治可移于官。是以行成于内，而名立于后世矣。"（《广扬名章》第十四）

①《孝经》：中国古代儒家的伦理著作。儒家十三经之一，共十八章。传说是孔子所作，多数学者认为是后人附会。现在通行版本是唐玄宗李隆基注本。②三牲：牛羊猪三牲齐备的祭祀。

名言

◎有万物，然后有男女。有男女，然后有夫妇。有夫妇，然后有父子。有父子，然后有君臣。有君臣，然后有上下。（《周易》）

◎弟子入则孝，出则弟，谨而信，泛爱众而亲仁，行有余力，则以学文。（春秋·孔子）

◎君使臣以礼，臣事君以忠。（春秋·孔子）

◎以道事君，不可则止。（春秋·孔子）

◎孝弟也者，其为仁之本与！（春秋·有子）

◎其为人也孝弟，而好犯上者，鲜矣；不好犯上而好作乱者，未之有也。（春秋·有子）

◎贤贤易色；事父母，能竭其力；事君，能致其身；与朋友交，言而有信。虽曰未学，吾必谓之学矣。（春秋·子夏）

◎贼仁者谓之贼，贼义者谓之残，残贼之人，谓之一夫。闻诛一夫纣矣，未闻弑君也。（战国·孟子）

◎内则父子，外则君臣，人之大伦也。父子主恩，君臣主敬。（战国·景丑）

◎从道不从君，从义不从父，人之大行也。（战国·荀子）

成语

◎承欢膝下：即侍奉父母。

◎冬温夏清：冬天使父母温暖，夏天使父母凉爽。指子女孝顺。

◎乌鸟私情：古时传说，小乌鸦长大后，能反哺老乌鸦。比喻侍奉尊亲的孝心。

◎忠孝两全：对国家尽忠，对父母尽孝，两样都做得很好。

◎忠肝义胆：忠心耿耿，仗义行事。

◎义不主财：遵从道义就不能掌管钱财。

◎背信弃义：不守信用，不讲道义。

◎轻诺寡信：轻易许下诺言的，往往很少守信用。

第 6 课

浩然之气：生命与伦理的双重支柱

浩然之气：浩大刚正的精神。语出《孟子·公孙丑上》："我知言，我善养吾浩然之气。"

崖山精神与《正气歌》

1279年，元军浩浩荡荡抵达广东新会的崖山，形成对南宋的三面包围之势，南宋军民奋起抗战，于是，就在这一年的二月初六，一场规模巨大、战况惨烈的海战在新会的崖门海域展开，双方共投入四十多万兵力，两千多艘战船，战斗十分惨烈。尽管南宋军民同仇敌忾，但最终无力回天。战斗中，当时的左丞相陆秀夫眼见大势已去，无法突围，便背着八岁的小皇帝赵昺（bǐng）跳海身亡，随行的十几万将士、文臣、宫女、太监也都相继跳海殉国。战后第二天，即二月初七早晨，大海上浮尸十万，惨绝人寰。这场海战，史称"崖山之战"。

在此之前，南宋右丞相文天祥于1277年率军进兵江西，收复州县多处，终因寡不敌众，不久败退广东，坚持抵抗。1278年夏，文天祥率军退往广东潮阳。1278年12月，元军大举来攻，文天祥在率部向海丰撤退的途中兵败被俘。

那是公元1279年，农历正月，他已兵败被俘，恰值英雄末路，在元军的押解下，云愁雾惨地颠簸在崖山海面。如墨的海浪呵，你倾翻了宋朝的龙廷，你噬碎了孤臣的赤心。此一去，"百年落落生涯尽，万里遥遥行役苦"，"以身殉道不苟生，道在光明照千古"。无一丝一毫的张皇，在这生与死的关头，他坦然选择了与国家民族共存亡。但见，一腔忠烈，由胸中长啸而出，落纸，化作了黄钟大吕的绝响。这就是那首光射千古的七律《过零丁洋》："辛苦遭逢起一经，干戈寥落四周星。山河破碎风飘絮，身世浮沉雨打萍。惶恐滩头说惶恐，零丁洋里叹零丁。人生自古谁无死？留取丹心照汗青。"（卞毓方《留取丹心照汗青——文天祥千秋祭》）

文天祥被俘之后，元兵先是派当年与文天祥一起同为南宋朝廷宰相、后来降元的留梦炎来劝降，文天祥怒火中烧，疾言斥责留梦炎：

文天祥像

"你，身为大宋重臣而卖宋，可是卖国？身为衢州百姓而卖衢州，可是卖祖？身为汉人而卖汉节，可是卖身？……"元人一计不成，又让被元兵俘虏的南宋小皇帝赵㬎来劝降，元人的诡计是：你文天祥不是"忠君"吗？我就让你的主子来劝降。可是文天祥仍然不为所动，参见皇帝后，他放声大哭，然后一句"圣驾请回"，打破了元人的如意算盘。不管敌人怎样威逼利诱，许以高位，文天祥誓死不降。元兵将其押往元大都（今北京），将其囚禁在土牢里，一关就是三年。1283年1月9日，文天祥慷慨就义。就义前，就在那狭小、阴暗、潮湿的土牢里，文天祥写出了撼人心魄的传世名篇《正气歌》：

> 天地有正气，杂然赋流形。下则为河岳，上则为日星。于人曰浩然，沛乎塞苍冥……

崖山海战十万军民蹈海殉国，忠诚惨烈，震烁古今，史称"崖山精神"。文天祥兵败被俘，誓死不降，赋诗"人生自古谁无死，留取丹心照汗青"，并高吟着《正气歌》英勇就义。这就是春秋大义，这就是浩然正气，也是中华民族绵延数千年而不绝的民族精神！

这种正义凛然的民族精神被称为"浩然之气"。

生命之气与伦理之气

"浩然之气"一词，源于孟子。据《孟子·公孙丑上》记载，当时公孙丑问孟子最擅长什么，孟子说："我善养吾浩然之气。"他说，浩然之气，"至大至刚，以直养而无害，则塞于天地之间。其为气也，配义与道；无是，馁也"。也就是说，浩然之气最宏大最刚强，有正义相随，充塞于天地之间。当这种天地间的正气充满内心时，人就有了一种正直无私、勇往直前的精神，即充满了他说的"浩然之气"。

"气"本来是一个哲学概念，是中国传统哲学的重要命题和核心概念之一。

古人将"气"理解为天地初开时一种本源的物质与能量。气分阴阳，天地间的阴阳二气幻化成了万事万物。下面的故事可以帮助我们理解"气"这一传统的哲学概念。

庄子的妻子去世了，庄子的朋友惠施来悼念，结果发现庄子竟然叉开双腿坐在那里"鼓盆而歌"。惠子毫不客气开骂了，说："你庄子还是人吗？你看你老婆跟你生活这么长时间，为你生儿育女，一直到老，最后死了，你不哭也就罢了，竟然还鼓盆而歌，你是不是太过分了！"其实庄子也是人啊，何况还是个高级知识分子，是一个文化名人，妻子死了怎么会不伤心呢？他一开始也很伤感，但是，庄子毕竟是个哲学家，他由此感悟到了生命的本质，他说，人本来是没有生命的，不仅没有生命，还是无形的，不仅无形，连"气"也没有，是恍惚之间有了"气"，由气再变为有些形状，然后才形成生命，现在死了，无非是"气"散了，所谓"人之生，气之聚。聚则为生，散则为死"，人的生老病死不就是"气"的循环变幻吗？又何必那么伤心呢？

庄子认为天地万物的一切，不过都是阴阳二气合成的。庄子这个思想来源于老子。《老子》中说："道生一，一生二，二生三，三生万物。"其中的"二"就是指阴阳二气。《易传》中的"太极生两仪，两仪生四象"，这"两仪"也是指阴阳二气。

孟子的"养气"无疑是对中国传统哲学中"气"的思想的继承与发扬，如果传统哲学中的"气"还是从生命构成出发的一般意义上的气，孟子则将其在伦理道德方面推到了最高境界。

孟子的"养气"，首先强调的是"义与道"。孟子还有一个观点叫"仁者无敌"，他的"义与道"，就是仁，就是正能量，当人心中充满正能量时，那他就有了一往无前的气势。因此，孟子的浩然之气，从伦理的层面讲，就是正能量。《孟子·尽心下》说："充实之谓美，充实而有光辉之谓大，大而化之之谓圣，圣而不可知之之谓神。"

这里，他将浩然之气分为四个层次：第一层次的特点是"充实"，其等级是"美"，当正义的能量充满内心，这就是美，但这还只是内美。第二层次的特点是"有光辉"，等级是"大"，宏大，伟大。这是说内在的正能量要表现出来，用你的光辉照亮别人，这才能说得上伟大。第三层次的特点是"大而化之"，等级是"圣"，是说你内在的正能量，你的浩然之气，要普照大众，教化大众，那才功德无量，这里强调的是"化"的范围。第四层次的特点是"圣而不可知"，是最高等级的"神"，孟子强调的是一种"润物细无声"的教化，这里强调的是"化"的方式。

其次，孟子强调"气"是长期修养的结果，"非义袭而取之也"，不是偶然间的心血来潮，所以这"气"要"养"。

其三，气不是心外之物，它的产生是基于人的本性，或曰天性。在他看来，人性本善，这种善，是秉受于天地间的正气，是一种天性。就像宋代张载所说的"天地之塞，吾其体；天地之帅，吾其性"，充塞于天地之间的阴阳二气，形成了人的身体；天地乾健坤顺的性质，引导成就了人的本性。或者像明代王阳明说的"致良知"，王阳明认为人本身具有良知，只是后天丢失了。儒家强调的"道""义""善良"，都不是心外之物。

其四，"勿忘，勿助长也"，一方面要保持内心的纯真，另一方面不可揠苗助长。

孟子不仅是"浩然之气"的倡导者，更是身体力行者。读孟子之文，你能感受它那种雄辩滔滔、一泻千里的气势，正因为这种气势，他常常令"王顾左右而言他"。从他的"舍生取义"，他的"富贵不能淫，贫贱不能移，威武不能屈"，他的"说大人则藐之"，他的"五百年必有王者兴……如欲平治天下，当今之世，舍我其谁也"，你都能看到孟子的"充实之谓美，充实而有光辉之谓大，大而化之之谓圣"，当然，也许他还没有达到"圣而不可知之之谓神"的境界，毕竟身处乱世，要润物无声，实在太难。

我们生活在巨大的"气场"之中

孟子的浩然之气影响巨大。在文天祥身上，崖山十万军民身上，左光斗和史可法身上，"我自横刀向天笑，去留肝胆两昆仑"的谭嗣同身上，许许多多的民族英雄、千千万万抗日志士的身上，无不充溢着这种"浩然之气"。

也许是孟子的推波助澜，使得"气"的概念影响到了我们生活的方方面面。"气"这个词在汉语中出现频率很高，据北京语言学院语言教学研究院编制的《现代汉语频率词典》统计，在4574个较常用的汉字中，"气"字作为名词，其使用频率排在第9位，构词能力排在第8位，作为名词的构词能力则更排在第3位，仅次于"心"字和"人"字。

所以在我们的字典里，充满着各种各样的"气"，如湖南出版社出版的《新编汉语词典》，收录的以"气"为首字的词如"气氛、气概"等有92个（商务印书馆出版的《现代汉语词典》中也是92个）；该词典收录以"气"为末字的词语如"士气、天气"等有205个。比如与天有关的，如气温、气象、气压、天气、云气、雾气、暑气、寒气、紫气、瑞气、朔气、节气等；与地有关的，如山气、岚气、地气、谷气、海气、蜃气、瘴气等。此外，与人相关的词语最多。我们来看两组，第一组：气量、气度、气派、气概、气场、气性、气血、气壮、气势、气头、才气、力气、脾气、意气、志气、牛气、豪气、浩气、声气、生气、英气、脾气、霸气、舒气、炼气；第二组：嘘气、叹气、气粗、气促、气短、气绝、气闷、斗气、服气、怒气、娇气、骄气、暮气、煞气、等等。这两组，第一组多是正气，第二组有些邪气。日常成语中的"气"，多与人相关，也有这个特点，如气壮山河、气贯长虹、气象万千、气愤填膺、正气凛然、意气风发、忍气吞声、荡气回肠、天高气爽、心平气和、扬眉吐气、一鼓作气、颐指气使、沆瀣一气，简直举不胜举。

遗书二

不肖兒可法遗禀母親大人兒在官途一十八年諸苦備嘗不能有益於朝廷徒致曠違於定省不忠不孝何顏立於天地之間今以死殉誠不足贖罪望母親委之天數勿復過悲兒在九泉亦無形恨浮副將德威完兒後事望母親以親孫撫之四月十九日不肖兒可法泣書

遗书三

可法死矣前與夫人有定約當於泉下相候七四月十九日可法手書

史可法写给母亲、夫人的遗笔

当然，"气"在中国文化中应用最广、影响最大的当属中医领域，"气"是中医药理论的核心概念之一。一本《黄帝内经》全书162篇，其中以"气"命名的共19篇，论及"气"的有131篇。

金元著名医学家李东垣说："气乃神之祖，精乃气之子。气者，精神之根蒂。"清代名医王三尊说："人之生死，全赖于气。气聚则生，气壮则康，气衰则弱，气散则死。"在中医看来，健康和疾病都源于"气"，人的五脏六腑四肢百骸，都内涵有"气"，有先天之元气、后天水谷之气，有脏腑之气、经络之气，有营气、卫气等。而气又分阴阳，分正邪。正气充溢，体健神清；邪气入内，疾病则生。治疗方法则是调气、理气、补气、固气、通气、益气、纳气、泄气等。所以明代大医张景岳说："行医不识气，治病从何据？堪笑道中人，未到知音处。"《黄帝内经》说："正气存内，邪不可干。"中医治病就是要养正气，去邪气。中医的养生，就是"养气"，就是所谓"培元固本"，这"元"，就是元气，即人体先天具有的正气。

也正是因为哲学与医学对"气"的强调，中国人竟然在武术中创造了一种全世界独一无二的武学——气功。当今世界所说的中国功夫，实际上也多指气功或以气功为主体的中国武学。

气也影响到美学和文艺。"气韵、神韵、风骨"是文学批评的重要概念，魏文帝曹丕说："文以气为主。气之清浊有体，不可力强而致。"韩愈吸收孟子"知言养气"和曹丕"文以气为主"的思想，提出了著名的"气盛言宜"的观点："气，水也；言，浮物也。水大而物之浮者大小毕浮。气之与言犹是也，气盛则言之短长与声之高下者皆宜。"

撷英掇华

原典

"敢问夫子恶乎长？①"

曰："我知言，我善养吾浩然②之气。"

"敢问何谓浩然之气？"

曰："难言也。其为气也，至大至刚，以直养而无害，则塞于天地之间。其为气也，配义与道；无是，馁③也。是集义所生者，非义袭④而取之也。行有不慊于心⑤，则馁矣。我故曰，告子未尝知义，以其外之也⑥。必有事焉而勿正⑦，心勿忘，勿助长也。无若宋人然：宋人有闵其苗之不长而揠之者⑧，芒芒然⑨归。谓其人⑩曰：'今日病⑪矣，予助苗长矣。'其子趋而往视之，苗则槁矣。天下之不助苗长者寡矣。以为无益而舍之者，不耘⑫苗者也；助之长者，揠苗者也。非徒无益，而又害之。"（《孟子·公孙丑上》）

①这里节选的是公孙丑与孟子的对话。恶乎长：擅长什么。恶乎：疑问代词"什么"。②浩然：盛大。③馁（něi）：软弱，力量不足。④袭：偷袭，此指偶然的行为。⑤不慊（qiè）于心：即心中有愧。慊：满足。⑥告子：春秋末期人，名不详，可能是墨子的学生。此句意为：告子因为将义看作心外之物，所以说他并不是真正懂得义。⑦必有事焉而勿正：去做一件事一定不要中止。正：止。⑧闵：担心，忧愁。揠（yà）：拔。⑨芒芒然：疲倦的样子。⑩其人：指其家人。⑪病：疲倦，劳累。⑫耘：除草。

文本大意 （公孙丑问道）："请问先生擅长什么？"

（孟子）说："我能理解别人的言辞，我善于培养浩然之气。"

（公孙丑）说："请问什么叫浩然之气呢？"

（孟子）说："这难以说明白。那浩然之气，最宏大最刚强，用正义去培养它而不用邪恶去伤害它，就可以使它充满天地之间。那浩然之气，要与仁义和道德相配合辅助，不这样做，就会衰竭。浩然之气是由正义在内心长期积累而形成的，不是由偶然的正义行为而获取的。自己的所作所为不能让你心安理得，它就会衰

中国智慧
写给中学生的18堂国学修养课

竭。所以我说，告子不曾懂得什么是义，是因为他把义看成是心外之物。一定要在心中集义，不要停止，不要忘记，不要用违背规律的外力帮助它成长。不要像宋人那样。宋国有个人担心他的禾苗长不高，便辛辛苦苦地跑到田里将那些禾苗逐一拔高一些，然后十分疲倦地回到家，对家人说：'今天我累极了，我帮助禾苗长高了。'他的儿子跑到地里去看，发现禾苗都干枯了。不犯这种拔苗助长错误的人很少。认为没有用处而舍弃它，就像不给作物除草的人；违背规律帮助它，就像拔苗助长的人。不仅没有益处，反而有害。"

《 名言 》

◎我善养吾浩然之气。（战国·孟子）

◎其为气也，至大至刚，以直养而无害，则塞于天地之间。（战国·孟子）

◎文以气为主。气之清浊有体，不可力强而致。（三国·曹丕）

◎刑天舞干戚，猛志固常在。（晋·陶渊明）

◎气，水也；言，浮物也。水大而物之浮者大小毕浮。气之与言犹是也，气盛则言之短长与声之高下者皆宜。（唐·韩愈）

◎浩气扩充无内外，肯夸心月夜同孤。（宋·朱熹）

◎天地有正气，杂然赋流形。下则为河岳，上则为日星。于人曰浩然，沛乎塞苍冥。（宋·文天祥）

◎我自横刀向天笑，去留肝胆两昆仑。（近代·谭嗣同）

◎刚正不阿，留得正气冲霄汉；幽愁发愤，著成信史照尘寰。（韩城司马迁祠楹联）

《 成语 》

◎浩气长存：刚直正大的精神永远长存。

◎正义凛然：胸怀正义而神态庄严，令人敬畏。

◎气壮山河：豪迈的气概可以压倒山河。

◎气贯长虹：正义的精神直上高空，充满彩虹。形容精神极其崇高，气概极其豪壮。

◎一鼓作气：比喻趁劲头大的时候鼓起干劲，一口气把工作做完。

◎神完气足：精神饱满，神气舒畅。多指文章首尾贯穿，一气呵成。

◎理直气壮：理由充分，因而说话有气势。

第 7 课

民胞物与：道德的自觉和人性的超越

民胞物与：人民是我同胞兄妹，天下万物是我的同类。语出张载《西铭》："民，吾同胞；物，吾与也。"

民胞物与，意思是人民是我同胞兄妹，天下万物是我的同类。这是北宋一个叫张载的人提出来的。

张载其人，博观约取

张载，何许人也？他生于1020年，死于1077年，字子厚，凤翔郿县（今陕西眉县）横渠镇人，世称横渠先生。他是北宋著名的思想家、教育家，是宋明理学的创始人之一。他与北宋历史上几个文化名人都有交集，如政治家兼文学家范仲淹，北宋文坛领袖欧阳修，千古第一文人苏轼及其弟弟苏辙，唐宋八大家之一的王安石，还有北宋著名理学家程颢、程颐两兄弟。

张载像

先说他与范仲淹。张载从小天资颖悟，品格超常，喜谈兵事。年轻时，西夏军队经常侵扰宋朝边境，赵宋朝廷经常向西夏进贡以求短暂和平。积贫积弱的社会现实让年轻气盛才华横溢的张载很想一展报国之志，他在二十一岁那年，写成《边议九条》，向当时主持西北防务的陕西经略安抚副使范仲淹上书，陈述自己的靖边策略，提出联合收复失地的策略，以期建功立业，博取功名。范仲淹很喜欢这位志向远大的青年，专门召见了他，与他谈论军事，谈论儒学，并非常赞赏其报国热情和学问才华。但是，阅人无数的范仲淹认为他更适合研究儒学，鼓励他以儒为业，研读《中庸》，他相信这个年轻人必成大器。果然，张载没有辜负慧眼独具的范仲淹的期望，他苦研《中庸》，遍读儒释道典籍，融会贯通，终于打通儒释道，建立了自己庞大的思想体系，成了中国历史上杰出的思想家。

他与二程关系尤其特别，因为他们都是理学家。程颢、程颐分别比他小十二岁和十三岁，且是他的表侄。但是作为表叔的张载，却很看重这两位小表侄的学问和思想，能虚心向他们学习。当他受当时宰相之邀在开封相国寺开坛主讲《周易》时，碰到了这两位小表侄，听到他们两兄弟讲说《周易》，由此看出自己学问的不足，他公开对听讲的人说："易学之道，吾不如二程。可向他们请教。"正是他的谦逊和褒奖，令二程名声大噪。与二程的交流也增强了他的信心，认准了自己的追求方向，从此孜孜以求。

他与唐宋八大家的渊源也很深厚。他与比他小十七岁的苏轼及其弟弟苏辙兄俩同年考中进士，而主考官就是北宋文坛领袖、大名鼎鼎的欧阳修。与王安石的关系则更为戏剧化。张载中进士后，当了几任地方官，他为官政令严明，推行德政，重视教化，提倡尊老爱幼，常设酒食款待乡民，询问民间疾苦，因而他治理的地方民风淳朴，为人称道。其间皇帝还亲自单独召见他，询问国策，并将其调入朝廷任职。当时正值王安石变法，王安石很想得到这位思想家的支持，曾亲自邀请他帮助推行新法。但是一方面张载对王安石的新法了解不深，另一方面他的兴趣更在学问，便委婉地拒绝了王安石的要求，这多少招致了王安石的反感。

后来，张载的弟弟张戬（jiǎn）因反对变法，与王安石不和而被贬，张载因担心自己受牵连，便辞官回到家乡横渠，潜心讲学研书，终于成就了自己的学问体系，创立了"关学"（关学：理学学派，因创立者张载是关中人而得名）。因其家在横渠，并在横渠创立关学，所以人们称他为"横渠先生"。

天人之思，渊源有自

民胞物与是张载思想体系中的重要内容。

张载认为人处天地之间，天地被称作万物之父，作为人类的我们，虽然非常渺小，却充满了与天地之道混为一体的天地阴阳之气，并受天的刚健和地的柔顺的引导，成就了我们的本性。这样，天与地是一体的，我们与万物是一体的，既然天地一体，物我一体，那么自然天地间的其他人就都是我的兄弟姊妹，天地间的万事万物就是我的同类。这就是他"民胞物与"思想的推理过程。

基于这样的思考，既然民是我同胞，物是我同类，那么我们尊敬自己的长者，就应该礼敬同胞中的长者；关爱自己的柔弱的小孩，就应该保育同胞中的幼弱者。天地间一切老弱病残、鳏寡孤独，都是我们的兄弟姐妹，我们都应该乐此不疲地关爱他们。在他看来，这种关爱就是对作为我们父母的天地的最纯粹的孝顺。他将这看成成王成圣的关键。

我们了解到他的这一思想后，自然会想起孔子。孔子曾提出"仁者爱人"的思想，《论语·颜渊》记载，当樊迟问他什么是仁时，他就回答了两个字："爱人。"在《论语·学而》中，孔子说"泛爱众而亲仁"；在《论语·雍也》中提出"己欲立而立人，己欲达而达人"；孔子"钓而不纲，弋不射宿"，即包含了不竭泽而渔的思想。我们更会想起孟子的"亲亲仁民爱物"，《孟子·尽心上》说："君子之于物也，爱之而弗仁；于民也，仁之而弗亲。亲亲而仁民，仁民而爱物。"尤其会想起孟子的"老吾老以及人之老，幼吾幼以及人之幼"的"推恩"思想。

可以说，张载"民胞物与"的思维方式，就是孔子"推己及人"、孟子"推恩"的思维方式。尤其是孟子，其仁民爱物，由"亲"到"民"到"物"，都是在彰显孔子"仁"的思想，体现"仁"之相通、相贯、相爱的深情大义。

我们当然也会想起墨子的兼爱。墨子提出"兼相爱，交相利"，主张以兼爱实现人与人之间平等的关系。也会想起《礼记》中那许许多多不焚林而猎、不竭泽而渔的具体规定。

　　当然，我们还会想起古代文人身上那种爱民爱物的传统。如杜甫的推己及人，由自己的茅屋为秋风所破，而想到"安得广厦千万间，大庇天下寒士俱欢颜"，想到杜甫用诗句劝阻自己的朋友不要阻止邻居老太太到朋友的院子打枣子："堂前扑枣任西邻，无食无儿一妇人。不为困穷宁有此？只缘恐惧转须亲。即防远客虽多事，便插疏篱却甚真。已诉征求贫到骨，正思戎马泪盈巾。"（《又呈吴郎》）想起杜甫的《病柏》《病马》《枯棕》等诗歌表现出的对病态的动植物的同情。也会想起白居易的《卖炭翁》："满面尘灰烟火色，两鬓苍苍十指黑。卖炭得钱何所营？身上衣裳口中食。可怜身上衣正单，心忧炭贱愿天寒。"

　　可见，张载"民胞物与"的思想，是根植于民族文化的。

道德自觉与人性超越

　　但是，张载的"民胞物与"与传统儒家的仁爱、泛爱、推恩和墨家的兼爱，是有很大的不同的，更有其独特的思想文化价值。

　　孔子的"仁者爱人"，泛爱众而亲仁，其出发点不在自我生命的修炼，而在"治国平天下"，是克己复礼，是杀身成仁，是"其为人也孝弟，而好犯上者，鲜矣；不好犯上而好作乱者，未之有也"（《论语·学而》）。孔子的爱人，孔子的泛爱，有很强的政治功利目的。张载的"民胞物与"，是以博大胸襟关怀社会、关注民生，悲天悯人，体现了由自我向亲情、向朋友、向他人、向社会、向自然的博爱精神。他为古代知识分子确立了一个"扩展小我、成就大我"的安身立命的精神家园，为人们提出了一个由有限走向无限并"与天同大"的宏阔的人生境界，也为社会提供了一个理想蓝图。

它与墨子的思想更是不同。墨子主张兼爱，主张爱无等级之分，由此导致对亲情的漠视，这违背了人之常情，也与我国传统社会的阶级结构与宗法观念相抵牾，所以最终行不通。而张载的民胞物与则将人与物放在同一个大家庭中，且其思维方法是由己及人。

孟子的"亲亲仁民爱物"，除同样有其政治功利目的之外，他特别强调"爱有等差"，他说，"君子之于物也，爱之而弗仁；于民也，仁之而弗亲"（《孟子·尽心上》），对"亲"是亲爱，对"民"是仁爱，对"物"是爱惜。而且无论孟子还是孔子，他们所提倡的仁爱、亲民，都是基于政治的外在目的，而不是发自人的本性。

张载的超越之处在于：他以天地为本，将整个社会乃至宇宙描写成一个以天地为父母的大家庭，天地万有都是这宇宙大家庭中的一员，所谓"四海之内，皆兄弟也"。在他看来，万物一体，物我一体，天地一家，天人合一。因此，这种爱是博爱，是平等之爱。这种爱不带功利目的，并非外力所加，而是人性自我超越性的内在需求，"故天地之塞，吾其体；天地之帅，吾其性"，人秉受自然天地之气，这种爱是人秉受的天地自然之气充盈的结果，是天的刚健和地的柔顺引导的结果，是内在人格的要求。

这种思想，实际上体现了中国知识分子的道德自觉，体现了中国知识阶层强烈的道德责任感和庄严的历史使命感。也正是这样，他的"为天地立心，为生民立命，为往圣继绝学，为万世开太平"的"四为之志"，才有了理论基础。清代曾国藩曾这样说："君子之立志也，有民胞物与之量，有内圣外王之业，而后不忝于父母之所生，不愧为天地之完人。"

尤当注意的是，张载的民胞物与，对于中国文化有极强的包容性，从民胞物与，你会想到"天人合一""仁者爱人""民为邦本""亲亲仁民爱物"；你也会想到"内圣外王"，想到和谐观念，想到孝的观念，想到自强不息，想到厚德载物。它糅合了传统文化的许多观念，是一个内涵庞大的思想体系。

原典

《西铭》①节选

乾称父，坤称母②；予兹藐焉③，乃混然中处。故天地之塞，吾其体④；天地之帅，吾其性⑤。民，吾同胞；物，吾与⑥也。

大君者，吾父母宗子⑦；其大臣，宗子之家相也。尊高年，所以长其长；慈孤弱，所以幼其幼⑧；圣，其合德⑨；贤，其秀也。凡天下疲癃、残疾、茕独、鳏寡，皆吾兄弟之颠连而无告者也⑩。

①《西铭》：宋朝张载《正蒙·乾称》的开头部分，张载曾将其录于学堂双牖的右侧。张载《正蒙》一文采用集句式的写法，将儒家典籍中的名句融合在一起，阅读时要特别注意这一点。②语出《易传·说卦》："乾，天也，故称乎父；坤，地也，故称乎母。"③予：我。兹：语气词。藐：弱小。语出《尚书·顾命》："眇眇予末小子。"④天地之塞，吾其体：语出《孟子·公孙丑上》："其为气也，至大至刚，以直养而无害，则塞于天地之间。"⑤天地之帅，吾其性：天是刚健的，地是柔顺的，我们人的本性也就是由这二者融合而成。⑥与：同类。⑦大君：指天子。吾父母：指乾坤、天地。宗子：嫡长子。⑧尊高年两句，语出《孟子·梁惠王上》："老吾老以及人之老，幼吾幼以及人之幼。"⑨圣其合德句，语出《易传·乾卦·文言》："夫大人者，与天地合其德，与日月合其明，与四时合其序，与鬼神合其吉凶。"⑩疲癃（lóng）：疲敝衰病者。茕（qióng）独：孤苦伶仃者。鳏（guān）寡：鳏夫和寡妇。颠连：困顿，苦难。语出《孟子·梁惠王下》："老而无妻曰鳏，老而无夫曰寡，老而无子曰独，幼而无父曰孤。此四者，天下之穷民而无告者。"

文本大意《周易》将《乾》卦称作万物之父，将《坤》卦称作万物之母。我如此藐小，却混有天地之道于一身，而处于天地之间。这样看来，充塞于天地之间的阴阳二气，形成了我的形色之体；由天地乾健坤顺的性质引导，而成就了自己的本性。人民百姓是我同胞的兄弟姊妹，而万物皆与我为同类。

天子是我乾坤父母的嫡长子，而大臣则是嫡长子的管家。尊敬年高者，是为了礼敬同胞中的长者；关爱孤苦弱小者，是为了保育同胞中的幼弱者。所谓圣人，是指同胞中与天地之德相合的人，贤人则是其中优异杰出者。天底下无论是衰老龙钟或有残疾的人、孤苦无依之人或鳏夫寡妇，都是我困苦而无处诉说的兄弟。

名言

◎弟子入则孝，出则弟，谨而信，泛爱众而亲仁。（春秋·孔子）

◎钓而不纲（网），弋（yì，用箭射鸟）不射宿。（《论语》）

◎四海之内，皆兄弟也。（《论语》）

◎故人不独亲其亲，不独子其子，使老有所终，壮有所用，幼有所长，鳏、寡、孤、独、废疾者皆有所养，男有分，女有归。（《礼记》）

◎兼相爱，交相利。（春秋·墨子）

◎亲亲而仁民，仁民而爱物。（战国·孟子）

◎老吾老以及人之老，幼吾幼以及人之幼。（战国·孟子）

◎安得广厦千万间，大庇天下寒士俱欢颜。（唐·杜甫）

◎猎人箭底求伤雁，钓户竿头乞活鱼。（唐·王建）

成语

◎爱屋及乌：比喻爱一个人而连带地关心到跟他有关系的人或物。

◎惜老怜贫：周济老人，怜惜穷人。

◎关心民瘼（mò）：关心群众的疾苦。

◎鸥鹭忘机：指人无巧诈机心，异类愿与之亲近。

◎一麑（ní）不忍：对一只小鹿都不忍伤害。

◎网开三面：原指把捕禽的网撤去三面。后比喻采取宽大态度，给人一条出路。

◎竭泽而渔：排干了湖泽的水来捕鱼。批评人只顾眼前、不顾将来。

◎焚林而猎：烧毁树林，猎取禽兽。与"竭泽而渔"比喻义相同。

第 8 课

慎思明辨：中华文化的审辨思维与怀疑精神

慎思明辨：慎重地思考、清楚地辨别。
语出《中庸》："博学之，审问之，慎思之，明辨之，笃行之。"

校训文化与慎思明辨

走进中山大学校园，来到校园中轴线上，你会看到"博学、审问、慎思、明辨、笃行"十个大字，这十个大字就是中山大学的校训。

1924年，孙中山先生创办了一文一武两所学堂，其中武学堂是黄埔军校，文学堂是国立广东大学，也就是后来的中山大学。1924年11月11日，孙中山先生在国立广东大学举行成立典礼时，亲笔题写了这十字校训。

当年，孙中山先生以"博学、审问、慎思、明辨、笃行"为校训，意在勉励学子博览群书，他反对死读书、读死书，希望学子们能够独立思考，明辨是非，能够理论与实践结合。他更希望学子们能充分学习科学，发展科学，用所学的知识为社会实践服务。中山大学从成立至今九十多年，这十字校训从未变更。

有意思的是，我国以"慎思明辨"为校训的学校不在少数。

像同在广州的华南理工大学，于2006年7月启用新校训，该校训比中山大学的校训只少两个字，为"博学、慎思、明辨、笃行"。我国社会科学领域最高学府——中国社会科学院大学的校训也是"笃学、慎思、明辨、尚行"。

历史悠久的著名中学也有不少以"慎思明辨"为校训的。如创立于1902年的江苏扬州中学的校训就是"慎思明辨，格物致知"；创办于1929年的浙江淳安中学校训是"博学、审问、慎思、明辨、笃行"。

即使在新时代创立的学校，也有以此为校训的，如创办于2001年的北大附属实验学校的校训就是"博学、审问、慎思、明辨、笃行——让北大精神在这里延伸"。

这些著名的学校都以"慎思明辨"为校训，因为"慎思明辨"是中华文化的传统精神。

诸子百家与审辨思维

"慎思明辨"语出《中庸》。《中庸》这一儒家经典在谈论治学时提出了"博学之，审问之，慎思之，明辨之，笃行之"五种态度和方法，这也是为学的几个层次或精进的几个阶梯：从广泛学习开始，经过询问质疑、深思慎取、明辨真伪，最后落实到实际行动之中。以"学"开始，以"行"为归属或目标，立足于学习者的实际，强调坚持不懈，强调笨鸟先飞，中间再经过仔细的探究思考与审辨。这体现了儒家慎思明辨的思想，知行合一的思想，学习与探究相结合的思想，也体现了我国早期思想家对学术理性的追求。

可能在不少西方学者看来，中国传统文化缺乏怀疑精神，对独立思考和审辨思维重视不够。其实，处在中国思想史源头的先哲们，是富于审辨思维的。远在《中庸》提出慎思明辨之前，春秋战国时期百家争鸣的出现，就是中华民族善于"慎思明辨"的明证。

比如道家的老子，就是一个极富独立思考精神的学者。当人们都以"天下之美为美""天下之善为善"的时候，老子看到了问题的另一面，他说："天下皆知美之为美，斯恶已。皆知善之为善，斯不善已。有无相生，难易相成，长短相形，高下相盈，音声相和，前后相随。"他提醒人们："信言不美，美言不信。善者不辩，辩者不善。智者不博，博者不知。"当天下都以"强者为强"的时候，他却发现了柔弱胜刚强，即所谓"天下之至柔，驰骋天下之至坚"，所谓"兵强则灭，木强则折"，"强大处下，柔弱处上"。

当人们都在崇拜物质享受、智慧和仁义的时候，他敏锐地看到了物质享受、智慧与仁义的双刃剑特征，从而提出"大道废，有仁义；智慧出，有大伪"，提出"五色令人目盲，五音令人耳聋，五味令人口爽"，以至于提出"绝圣弃智"的极端主张。实际上，他是在教导人们要慎重思考，要明辨是非和陷阱。

至圣先师孔子在《论语·学而》中明确提出："学而不思则罔，思而不学则殆。"意思是只学习不思考，就会受蒙蔽、受欺骗。"罔"就是缺乏"慎思明辨"的结果。为此，他提出要"正名"。《论语·子路》中记载，当子路问孔子，如果要孔子从政，他首先想干什么。孔子回答说："必也正名乎!"他的理由是："名不正，则言不顺；言不顺，则事不成；事不成，则礼乐不兴；礼乐不兴，则刑罚不中；刑罚不中，则民无所措手足。"这"正名"，实际上是要叫人"明辨"。

儒家的另一位大师孟子，则更是审辨思维的代表。我们知道，孟子善辩，且辩无不胜，孟子的辩才主要来源于独立思考，来源于"慎思明辨"。例如，对于《尚书》，当时的学者都将其奉为神圣的经典，岂敢怀疑! 但孟子却对其中有些内容提出了质疑，不仅质疑，甚至还提出"尽信《书》不如无《书》"的千古至论。

当人们将"忠君"奉为圭臬，以至于接近愚忠的时候，孟子则辨析了什么才叫"君"，什么叫"弑君"，甚至提出，君不像君，推倒何妨；君不像君，杀之何妨! 孟子破解了由孔子而来的儒家"忠君"思想可能导致"愚忠"的理论难题。他明确提出"心之官则思"，在他看来，心是干什么的？就是用来思考的，不思考，长颗心干什么？人类的思考能力是上天为了人不受蒙蔽而赋予人的特权。也就是说，在孟子看来，"慎思明辨"是人之为人的重要特征。他似乎为"慎思明辨"找到了理论根据。

在诸子百家中，还有一个学派叫"名家"，这个学派有个著名的代表人物，叫公孙龙，他留下一本《公孙龙子》，书中有著名的"白马非马"，主要讨论"白马是不是马"的问题。

问题是这样展开的：有人问公孙龙，"可以说白马不是马吗？"公孙龙回答说可以这样说。但问题来了，那人又问："如果我有一匹白马，不能说我没有马吧？既然说'我有白马，就是有马'，那么白马不就是马吗？怎么说白马不是马呢？"公孙龙回答说："我找你要匹马，你可以牵来一匹黄马，也可以牵来一匹黑马；但如果我找你要一匹白马，你牵黄马黑马来就不行。可见黄马、黑马不是马，白马也不是马。"这下可把人搞糊涂了，那人反问道："世界上没有无颜色的马，按你的说法，

中国智慧

一切有颜色的马都不是马，这怎么说得通呢？"公孙龙说："'白'字只表明颜色，并不是限定'马'的。"

其实，他们争论的焦点在于对"是"字的理解。可以把"是"字理解为"等于"，也可以理解为"属于"。"白马非马"的意思是：白马不"等于"马，即白马与马两个概念不相等。"白马是马"说的是白马"属于"马。这就涉及数学中集合的概念，"白马"是"马"这个概念的子集，两者是一种包含关系。

这个论题影响很大。据说孔子的六世孙孔穿是个有名的聪明人，他对公孙龙的"白马非马"不服气，便去找他理论。当时公孙龙是平原君的门客，于是论辩就在平原君家里进行。孔穿跟公孙龙说："如果你放弃'白马非马'这个说法，我就做你的弟子。"不料公孙龙竟然说："'白马非马'是孔穿你的祖先孔子赞同的，你怎么能反对呢？"

孔穿当然不信，自己的祖先孔圣人那么圣明，怎么会赞同"白马非马"这种谬论呢？但公孙龙说出了自己的理由：当年，楚王打猎的时候，丢了一张弓，于是楚王的随从便去寻找那张弓，楚王很大方地说："找什么呢？我在楚国丢了弓，肯定被楚国人捡了。"意思是肥水没流外人田。当年孔子听了楚王这句话之后说："楚王的仁义不够到位，应该说'人丢了弓，被人捡了，何必要说是楚国人捡的呢？'"公孙龙说，孔子就是将"楚国人"和"人"这两个概念分开的呀，孔子都这样，

庄子像

我为什么不能将"白马"和"马"这两个概念分开呢？听到这里，孔穿只得甘拜下风。

在某种意义上，白马非马这个故事表现了战国时期人们"慎思明辨"的精神。

至于中国文化的另一重要名人庄子，更是思辨的高手，他与战国时代名家学派的另一著名人物惠施交情颇深。在《庄子》一书中，惠施的出镜率特高。

庄子一生似乎都在和他论辩，以至于惠施逝世之后，庄子有了痛失对手之感。

《庄子·徐无鬼》记载，有一次，庄子经过惠施的墓地，向自己的随行人员讲了一则寓言故事：楚国有个石匠技艺高超，他让人在另一个人的鼻尖上涂上薄薄一层白泥，然后他挥动斧头，将那鼻尖上的白泥砍削干净，而那人的鼻尖竟没有任何损伤。那鼻尖涂泥之人也了不起，任这石匠"运斤成风"，竟然神色如常。

当时宋国的国君听说这件事，啧啧称奇，也想让这石匠在他的鼻尖上试一试。不料那石匠说："我当然能运斤成风砍削鼻尖之泥，但是我那个对手也就是能与我配合的人不在了。"说完这个故事，庄子向惠施之墓拱手行礼，十分伤感地说："先生啊，自你死后，我再也找不到高水平的论辩对手了。我真是寂寞啊，寂寞啊！"应该说，正是惠施与庄子的论辩，推动了庄子的慎思明辨，成就了庄子的学说。

执经问难的优良传统

古代有执经问难的传统。

读《论语》《孟子》，都能感受到主客之间、师生之间问答与辩论的氛围。整本《论语》，没有孔子的大段讲述，主要是孔子对学生问话的回答，或者说是对学生问难的解答，我们叫它"语录体"，实际上它应该是语录体兼对话体。至于《孟子》的体式，我们直接叫它"对话体"，书中记录的就是孟子与别人的对话。其实说"对话"还不准确，准确地说应该是"论辩"，是主客之间的互相辩驳。

孔孟讲学授徒的问难，是一种即兴、随意的状态，到汉人讲经，这种质疑问难的方式、这种辩论的精神就开始制度化了。汉人讲经，规定要安排一位质疑者，称为"都讲"，类似今天的所谓助教，主要帮助听讲者质疑问难。

这种质疑问难的风气经南北朝到唐朝，得到了不同程度的发扬。比较典型的例子是孔颖达听经。孔颖达年轻时去听人家讲经，便不断执经问难，弄得主讲者下不了台，以致主讲者竟派刺客去杀他，他躲进大臣家里才逃过一劫。

再如每年的皇家大典——祭孔大典，主要祭祀孔子、颜回（有时还有周公），历代帝王或亲临主祭，或遣官代祭，或便道拜谒。在拜祭结束后，往往还要举行大型的讲论，由皇帝或皇子亲自主持，硕学鸿儒主讲，并设专门的质疑问难者。主讲讲毕，质疑者问难。

这种质疑问难的形式，在书院制度中保持得最好。

书院是古代私人或官府所设的聚徒讲授、研究学问的场所。中国古代大约从唐朝开始出现了书院，至北宋盛极一时。历史上著名的书院，宋代有应天书院（河南商丘）、岳麓书院（湖南长沙）、白鹿洞书院（江西庐山）、嵩阳书院（河南登封）四大书院，还有石鼓书院（湖南衡阳）、鹅湖书院（江西上饶）；明代有无锡的东林书院；清代有清廷御批的官办书院即广州粤秀书院。

书院的教学主要有个别教学和集体教学。个别教学相当于小班化教学，主要针对学生个人进行提问、论辩、交流。集体教学分两种形式，一种是升堂讲学，主要是师讲生听，约相当于传统的班级教学。另一种是"讲会"。"讲会"充分体现了古代书院慎思明辨的传统。

"讲会"是古代书院定期举行的一种规范化、制度化的学术研讨方式。历史上，东林书院、紫阳书院、还古书院、姚江书院的讲会都很盛行。讲会一般分为年会和月会两种，并且各书院对讲会的日期都有明确的规定。

讲会的形式颇有意思。先是焚香，然后主持宣布讲会开始，紧接着三声云板，司仪命童子歌诗，歌诗完毕，再云板三声，才正式开讲。这种仪式，体现了对知识与思想的高度尊重。

更有意思的是讲会讲席的设置，一般都要设四个讲席。一个主讲席，一个秉笔席即记录席，旁边特别设有一个讲友席，讲友席也就是副讲席，主要用来与主讲者进行讨论。就是说，书院的讲会通常由两位或两位以上老师共同讲学，主副讲针对不同观点展开讨论交流，甚至辩论。堂中还特别设有一个质疑席，专门负责质疑问难，或者代替听众质疑，与主副讲展开讨论交流，即所谓"执经问难"。

最为著名的是岳麓书院朱熹和张栻的"朱张会讲"。

1167年，著名理学家朱熹不远千里，偕弟子从福建崇安来到长沙，与岳麓书院主教张栻讲学论道两月有余，留下了千古佳话，开创了中国书院史上不同学派之间会讲的先河，在中国学术思想史上产生了重大的影响。

南宋淳熙年间，同为著名理学家但学术观点大不相同的朱熹与陆九渊在江西信州（今上饶）鹅湖寺也进行了一场大辩论。朱陆的门人都参加了会讲。这次会讲开创了理学不同学派同聚一堂、各抒己见、切磋学问的新方式，也成为我国学术史上一次重要事件。

怀疑精神的广泛流布

不仅哲学家们如此，文学家们也有这种审辨探究的习惯。比如伟大的浪漫主义诗人屈原，如果说他的《离骚》表现的是诗人上天入地的求索精神的话，那么，他的另一代表作《天问》，则更表现了诗人的理性思辨与探索。你听："遂古之初，谁传道之？上下未形，何由考之？冥昭瞢暗，谁能极之？冯翼惟象，何以识之？"意思是说：天地初开之时，是谁将此态告诉后代的？天地成形以前，又凭什么来研究？昼夜混沌一片，谁能探索个究竟？大气迷蒙无物，怎么认识清楚？《天问》全诗三百七十三句，一千五百六十字，写的都是诗人对天地自然和人世等一切事物现象的沉思与追问。

这种思辨的精神，不仅在文化史思想史源头的先哲那里是如此，后来的学者文人也继承了这一传统。

例如，理性思辨发达的宋朝有一位科学家叫沈括，他从小就喜欢思考。一次，他读白居易的诗《大林寺桃花》。当读到"人间四月芳菲尽，山寺桃花始盛开"时，感到不解：为何我们平地的花都谢了，山上桃花才刚开呢？为探个究竟，他约了几个好友上山考察。上得山来，果真看到几处桃林，满树的桃花开得正艳。他们几个将山上山下的情形一对比，终于发现原来山上的温度比山下要低，因此花期才比山下来得迟。正是凭着这种求索精神，他后来写出了充满"慎思明辨"精神的百科全书式的科学名著——《梦溪笔谈》。

明代杰出医药学家李时珍的药学名著《本草纲目》也是"慎思明辨"的结果。李时珍医术高明，但一次有个病人吃了他开的药后，病情反而加重了。李时珍仔细查找原因，最后发现，原来是药铺根据古代药书上的错误记载，将一种有毒的药当成另一种无毒的药了。这个错误的原因虽然不在他，但他深刻反思，认为这是药学界对各种药物没能仔细甄别的结果。于是他发誓要弄明白各种药物的药性、用途，重新修订药书。为了修订旧书，他博览群书，将各种医药典籍互相参证；他遍访名医、樵夫、渔民、猎户，收集验方、偏方，亲自到深山野岭，几乎走遍了产药的名山。为了仔细甄别药材的药性，他亲口品尝许多药材，以致多次中毒。他花了二十七年，凭着他的审慎和严谨，终于写下了被称为"东方药物巨典"的不朽巨著——《本草纲目》，为我国医学宝库留下了一份珍贵遗产。

当然，应该承认，先秦之后，这种慎思明辨的怀疑精神似乎有逐渐消减之势。

撷英掇华

◎尽信《书》，则不如无《书》。（战国·孟子）

◎心之官则思，思则得之，不思则不得也。（战国·孟子）

◎博学之，审问之，慎思之，明辨之，笃行之。（《中庸》）

◎业精于勤，荒于嬉；行成于思，毁于随。（唐·韩愈）

◎此所以学者不可以不深思而慎取之也。（宋·王安石）

◎可疑而不疑者，不曾学；学则须疑。（宋·张载）

◎学贵有疑，小疑则小进，大疑则大进。疑者，觉悟之机也。
（明·陈献章）

◎问与学，相辅而行者也，非学无以致疑，非问无以广识。
（清·刘开）

◎书从疑处翻成悟，文到穷时自有神。（清·郑板桥）

成语

◎质疑问难：提出疑难问题来讨论；提出疑问以求解答。

◎质疑辨惑：谓提出疑问，请人解答并加以研究、辨析。

◎多闻阙疑：多听别人言论，把疑难问题保留下来，暂不判断。

◎牝牡骊黄：鉴别事物，不能只根据表面现象，而要考察其本质。

◎深思熟虑：反复深入细致地考虑。

◎明目达聪：眼睛明亮，耳朵灵敏。形容力图透彻了解。

第 9 课

四为之志：中国知识分子的文化使命

四为之志，由宋代哲学家张载提出。语出黄宗羲、黄百家父子编纂的《宋元学案》："先生（张载）尝语云：'为天地立心，为生民立命，为往圣继绝学，为万世开太平。'"今人冯友兰称之为"横渠四句教"。

中国文人的政治热情

法国文艺评论家朱利安·班达于20世纪写过一本书，叫《知识分子的背叛》，他认为现代知识分子背叛了古代传统知识分子。为什么呢？因为现代知识分子参与政治的热情越来越高，其政治态度越来越情绪化。他认为古代知识分子"其活动不是追求实际目的，而是从事艺术、学问及形而上学的思维"，他们从事的主要是知识与文化的创造、更新与传播，其追求是超越现实的。

但朱利安·班达纯粹是从西方古代的情况来定义知识分子的。西方古代知识分子也许的确如此，比如古希腊哲学家，他们崇尚纯粹的知识，为知识而求知识，为真理而求真理，赫拉克利特说过："我宁肯找到一个因果性的解释，也不愿获得一个波斯王位。"

而中国古代知识分子则是另一番面貌。从春秋战国开始，中国知识分子就不是以纯粹的学术为追求，而是甘当时代的弄潮儿，似乎有着永不衰退的政治热情。

这种政治热情，始于春秋战国。历史上有"孔席不暖，墨突不黔"之说，意思是，孔子、墨子总是来不及坐暖席子，等不及熏黑烟囱，一直恓恓惶惶奔走于诸侯间。因为孔子总是驾着车，载着礼，奔走于诸侯间以求仕用。在儒家看来，"不仕无义"（子路），即不做官不合道义；"士之失位也，犹诸侯之失国家也"（孟子）；所以，"学而优则仕"（子夏）。于是他们的人生理想便是"修身、齐家、治国、平天下"。"修身、齐家"进而"治国、平天下"，在封建国家权力结构中发挥政治的功能，以匡助国君，替天行道，成为中国传统士大夫最为理想和最为规范的自我角色认同。

墨家本质上是中国最早的民间政治团体，他们摩顶放踵，日夜不休，兴利除弊，造福大众，甚至直接参与反侵略战争。法家更是热衷政治，精研管理，他们是热情的社会改革者，多是各国诸侯政务的实际参与者，著名的政治家如管仲、李悝、商鞅、申不害、李斯等都是法家。纵横家以政治外交为其基本活动内容，纵横捭阖，以布衣之身说诸侯，以三寸之舌退雄师，或一身而挂六国印，或片言得地六百里。

唯有老庄似乎远离政治，庄子将官位比作腐鼠，楚威王曾想请庄子辅佐朝政，庄子却愿"曳尾涂中"。但实际上，老庄是被黑暗的政治伤透了心，他们实际是"身在江湖，心存魏阙"，老子谈的多是治国用兵之道。

孟子曾自信豪迈地说："如欲平治天下，当今之世，舍我其谁也？"

屈原是"忽奔走以先后兮，及前王之踵武"。

东汉末的著名"党人"陈蕃豪气地说："大丈夫处世，当扫除天下。"范滂则是"慨然有澄清天下之志"。

唐代书生不管有没有真正的政治才能，总有浇不灭的政治热情：书生李白，有诗才无干才，政治理想却很狂傲，他要"申管、晏之谈，谋帝王之术，奋其智能，愿为辅弼，使寰区大定，海县清一"，于是他"遍干诸侯"，以求仕进。

杜甫的理想是："致君尧舜上，再使风俗淳。"

孟浩然因无缘政治而伤感："欲济无舟楫，端居耻圣明。坐观垂钓者，徒有羡鱼情。"

宋代知识分子更是如此。范仲淹对此做了很好的概括，如"居庙堂之高则忧其民，处江湖之远则忧其君"，"进亦忧，退亦忧"，"先天下之忧而忧，后天下之乐而乐"。

元明清三代，政治动荡，但并没有泯灭中国知识分子的政治热情，有四句名言可以为证：一句是明末东林书院的对联，"风声、雨声、读书声，声声入耳；家事、国事、天下事，事事关心"；第二句是明代中晚期思想家吕坤的名言，"世道、人心、民生、国计，此是士君子四大责任"（《呻吟语·应务》）；第三句最有名，是后人根据顾炎武的名句概括出的"天下兴亡，匹夫有责"；第四句是著名画家郑板桥的诗句，"衙斋卧听萧萧竹，疑是民间疾苦声，些小吾曹州县吏，一枝一叶总关情"。

以上名言，大多不是出自政治家，而是出自典型的文人，这些名

屈子行吟图（陈洪绶 绘）

句之所以能成为名言，不仅仅因为它们反映了说话者的政治追求，更重要的是它们代表了广大知识分子的心声，所以才为知识分子所津津乐道。

历史上也有一些看似政治热情不高的知识分子，如历史上大量的隐士以及魏晋时期的所谓名士。但这些名士、隐士，却并没有过多地去研究学术，而是消沉，而是潇洒，而是放诞，而是追求所谓名士风流。政治热情的反面，可以有两条路。一条是学术，对这一条路，中国知识分子总是有些不屑。中国知识分子的清高不是表现在政治上，而是表现在对待纯粹的知识与技术上。另一条是中国隐士、名士们的或消沉或放诞之路，他们寄情山水，或诗酒自娱，或故意狂怪。走上这条路本质上不是走上政治热情的反面，恰恰是被政治伤透了心而采取的极端表现。

正因为中国知识分子有高度的政治热情，所以其人生的基本理想便是政治理想，而不是学术理想，是学优则仕，投身官场，为民请命，是修齐治平。中国知识分子有所谓三不朽"太上有立德，其次有立功，其次有立言"，三者之序，颇有意思，立德居首，立功居次，立言是不得已而为之。他们或述而不作，其思想由弟子整理；或著书而不留名，藏之名山。并不像古希腊学者那样专注于著书立说、探寻真理。

如果仅从学术看，中国知识分子关注的也主要是政治伦理学术。

作为知识分子，当然有做学问的兴趣，但是中国知识分子的学术兴趣集中在政治伦理，或者说，所有学术，都要附加政治功利性，中国知识分子很少迷恋纯粹的学术与智慧。中国人喜欢谈道，抽象地说，可以把"道"理解为"本质""规律"等。它似乎是一个纯理论纯知识的东西，但是在中国知识分子这里，实际上更多人把"道"强调为人伦之道，而非自然之道。文人们所津津乐道的"文以载道"，所载的实际是儒家之道，多为政治伦理的说教。

如我们在分析"格物致知"时所说，格物致知本来是可以走向"研究观察外物而获取知识"的纯知识纯学术方向的，但是，它却长期徘徊在"格除心中污物而呈现心中良知"的伦理层面，其理性求真之路，走得十分艰难。战国时期具有纯知识气象的名家与墨家，一直没有得到很好的发展土壤。名家的"离坚白""白马非马"，颇为后世文人所不齿；以逻辑著称的墨家，终至于衰微。至于技术，则更为大多数文人所不齿，甚至视之为"奇技淫巧"，所谓"君子不器"；如果沉迷于纯粹的知识研究，往往会被贬斥为"玩物丧志"。

所以，中国知识分子始终以政治为中心，而不是以知识为中心。

不懈追求的内在动因

中国知识分子何以如此钟情于政治与伦理？

1.中国知识分子的起源，本身就有很强的政治依附性。

知识分子是中国社会的一个特殊阶层，在古代最早被称为"士"。"士"本指在田地里劳作的农夫，到了西周时期，则成为宗法制度中处于卿大夫与庶人之间的一个阶层：卿大夫的儿子，嫡长子世袭为卿大夫，其余则为士；士的儿子，嫡长子世袭为士，其余为庶人。此时的"士"是负责具体事务的最低一级的贵族，或者说，他们是卿大夫与庶民之间的沟通者。

西周时期，学在官府，文化垄断在贵族手中。周室东迁，周王室式微，贵族地位逐渐下降，文化垄断局面被打破，"学在四夷"，文化重心逐渐下移，平民中能力突出者也可以上升到"士"的阶层，"士"不再与血缘相关，而成为知识技能人群的代称，并成为"士农工商"四民之首。这时的"士"，其中既有没落贵族的子弟，也有平民乃至奴隶中的知识分子。

这其中尤当注意"儒"这一概念。"儒"最早是指专门负责某种礼仪的专职人员，大概属于朝廷层面的就叫"司徒"，掌管全国的礼仪教化；一般社会层面的司仪，就叫"儒"，在鲁国一带叫"邹鲁缙绅先生"。司仪等人的主要职责是背诵古训，所以，后来这一概念逐渐演变成负责传承西周文化、传播"诗书礼乐"的一种职业。

所以，中国历史上的知识分子实际上有三种称呼：士、士大夫、儒生。士起源于负责具体事务的低级贵族，他们生活在社会实务的层面，本来就不具有形而上的性质，是一种形上形下的中间并略偏形下的层面。无论士还是儒，他们都不是知识的创造者、研究者，而是用知识服务于社会、服务于人群，尤其是服务于政治的人，是依附于政治现实的一群人。尤其儒，起于礼，既有其专业性，更有其政治依附性。至于士大夫之称，则强调了士的贵族性质，本身就有很强的政治意味。

2.中国社会的文治化特点。

中国历史具有很强的文治化特点，大致走的是文治路线。

从商代到西周，中国政治无疑是贵族政治，但是随着周王室东迁，社会产生巨变，旧贵族的地位不断下降，平民地位开始上升，士阶层逐渐扩大，知识阶层逐渐扩大，中下层知识分子逐渐参与到政治中来。春秋战国，诸子百家的争鸣不是为学术而学术的争鸣，而主要是基于政治主张的争鸣，是治国路线的争鸣，虽然各诸侯国仍然是以贵族政治为主，但平民知识分子已经参与到政治之中了，孔子、苏秦、张仪、商鞅等人在各诸侯国发挥了重要的政治作用。战国时期甚至兴起了一股"养士"的热潮，诸侯与卿大夫纷纷养士，最著名的是战国四公子，其中的孟尝君田文号称门客三千。"士"已成为社会的中坚力量。

秦代依然是贵族政治，但至汉代，社会逐渐平民化、士人化。钱穆先生曾说："中国社会自春秋战国以下，当称为'四民社会'。"所谓四民，就是士农工商，四民社会"以士人为中心，以农民为底层，而商人只成旁枝"，"于农、工、商、兵诸色人等之上，尚有士之一品，主持社会与政治之领导中心"；"中国社会有士之一阶层，掌握政治教育之领导中心"。（《国史新论》）

汉代士子的杰出代表如陆贾、贾谊、东方朔、董仲舒、韩婴、刘向等，他们已经进入到国家政治的核心。西汉末年，王莽掌权，奏请朝廷建立"辟雍"（相当于国立大学），兴建千万间广厦，颁布求贤令，只要精通六经之一，甚至只要藏有大篆文书，即可乘坐官方专车前来长安，住广厦，吃美食，由此笼络了大批知识分子。

东汉末年到魏晋南北朝，九品中正制确立，门阀大族兴起，中国历史重回贵族时代。虽然当时形成了所谓的士族集团，有所谓"王与马，共天下"之说，"王"代表王谢士族，"马"指司马帝室，但这"士族"，实际上是累世居官的家族。

此时知识分子的政治热情遭到打击，于是由清议而清谈，由儒入道，由道入玄，他们鄙弃功名富贵，或蔑视礼法，放纵饮酒，率性怪诞，或寄情山水，隐逸山林。开始的清议，议的还是时政，后来便完全脱离时政了。晋朝的葛洪在《抱朴子·逸民》篇中提出"士之所贵，立德立言"，将三不朽中的"立功"彻底抛弃。

其实，此时的知识分子不是没有政治热情，实在是被政治冷淡了少年心。像陶渊明，年少时还抱有"大济苍生"、建功立业的雄心，"忆我少壮时，无乐自欣豫。猛志逸四海，骞翮（qiānhé，展翅高飞）思远翥（zhù，飞翔）。"（《杂诗》其五）清龚自珍曾这样评价："陶潜酷似卧龙豪，万古浔阳松菊高，莫信诗人竟平淡，二分梁甫一分骚。"在陶渊明身上，兼具孔明与屈原关心时政又对现实愤郁不平的思想感情。

随着隋唐科举制度的实施，大批知识分子终于能鱼跃龙门，唐朝政治开始从世袭与半世袭的贵族精英政治向大众知识精英的政治转变。唐宋政治经历了由重武轻文，到文武合一，再到文武分途，最后到重文轻武的过程。据历史学家研究，公元7世纪控制中国的是高门大族，是贵族精英，公元10世纪、11世纪为地方精英，唐朝便是其过渡形态。这极大地激发了唐宋文人的政治热情。

3. 官本位的价值取向。

古代选拔人才，只是选拔从政的人才，极少选拔专业技术或学术人才。商朝的乡举，周朝的取士，战国的选贤，汉文帝、汉武帝和曹操的求贤，魏晋南北朝的九品中正，乃至后来的科举，选拔的都是官员。于是知识分子人生价值实现的唯一标准，就是官位标准。

中国古代有一种叫牌坊的特殊建筑，是专门用来表彰人物的，谁要是被立了牌坊，那便拥有了莫大的荣耀。但除了寺庙山门之类，中国的表彰性牌坊只有两类：一类是表彰忠孝节义德行的，如贞节牌坊；一类是科举牌坊和功勋德政牌坊，如状元牌坊，以及朝廷为嘉许功臣而建的许许多多牌坊。

由此可见，中国衡量人的标准就是德行与官位。而衡量德行很难有明确的标准，所以德行牌坊多是贞洁烈女牌坊，与知识分子关系不大。所以衡量知识分子价值的唯一标准就是官位。于是，知识分子要实现自己的人生理想与人生价值，唯有当官从政，而且一旦当官，名、利、权、势便什么都有了。

我们不妨观察一下"士"与"仕"这两个字，会发现，士人如果活得像个人样，便是"仕"了，所以古人说，"士之仕也，犹农夫之耕也"，当官是士人的天职；"学而优则仕"，当官是知识分子的终极追求。古代知识分子只有三条路可走，一条是当官从政，当不了官，退而求其次，便当幕僚，当门客，当师爷，这是依附于政治。如果这两条路都走不通，那就只能开馆授徒，当私塾先生。而这是知识分子们极不愿意去做的，所谓"家有一斗粮，不当孩子王"。

中国文人是无法以学术为生的，所以政治几乎成为中国文人实现自己生存、生活、价值实现各个层次理想的唯一途径。北宋汪洙有著名的《神童诗》："天子重英豪，文章教尔曹。万般皆下品，惟有读书高。……朝为田舍郎，暮登天子堂。将相本无种，男儿当自强。"

其实，衡量人才成功的标准至少可以有三个方面：权位、财富、学术技艺。在中国，权位似乎是唯一标准，即使万贯家财，也要捐个员外郎当当。而学术技艺从来不是标准。所以，中国历史上的文化巨人们，除非如欧阳修之类官居高位，否则，他们即使创造了再多的精神财富、发现了再多的知识真理，也不会意识到自己巨大的历史价值。所以，即使文辞诗赋、书画学问皆臻化境的苏轼，所歆羡的仍是建功立业的三国周瑜。其实，就历史价值而言，周瑜岂可与苏轼同日而语？

4.儒家思想的影响。

两千多年来，儒家思想一直独居中华文化的正宗，对中国知识分子形成一种长期的熏陶。儒家为知识分子设计的人生之路就是"正心、诚意、修身、齐家、治国、平天下"，处世准则是"达则兼济天下，穷则独善其身"。

正是这多种因素，促成了中国古代文人的政治情结。

知识分子的黄金时代

中国政治走到宋朝，完全变成了一种文人政治。从10世纪到13世纪这三百多年的中国历史，完全是文人的舞台。

1.文人官僚完全取代了贵族世袭官僚。

宋太祖"陈桥兵变""杯酒释兵权"之后，完全开启了文人政治时代。宋代完全是科举文人掌权的时代。宋太祖曾说："宰相须用读书人。"

有宋一朝，从中央到地方各级行政机构，大都由文士任职。例如，宋仁宗在位四十一年，二十三名宰相中有二十二名为进士出身；六十五名参知政事、枢密院正副使等高官中，有五十五人为进士出身。北宋共有七十一名宰相，只有三名不是科举出身。有不少著名政治人物都是寒门及第，如范仲淹、欧阳修、陈亮。宋代将中国古代的文人政治推向了极致，以致宋代文人十分霸气。宋神宗时，名臣文彦博提出"天子与士大夫共治天下"，从汉代出现的延续了一千余年的"皇权—士大夫"政治形态，至此最终确立起来了。

2.宋代文人备受优待。

有四件事可以看出宋代文人备受优待。

一是进士录取量扩大。宋代每届录取进士三五百名不等，是唐代录取数量的十倍以上，这大大拓宽了知识分子的晋升之路。

二是进士待遇优厚。宋代录取进士之后，往往视不同等第赐予官职，并赐予

文彦博像

二十万钱（约二百贯，约六万元人民币）的车马费，如果以五百名进士计算，每届进士的车马费就达三千万。

三是知识分子晋升快。例如晏殊，十四岁参加科举，被赐予同进士出身，四十二岁任副宰相，五十二岁任宰相；吕蒙正，三十二岁中状元，十年左右就升到了宰相；寇准十九岁中进士，不到三十岁就当上了副宰相；王安石，二十一岁中进士，四十八岁任副宰相，四十九岁任宰相主持变法；陆秀夫，二十四岁中进士，四十一岁任宰相。

四是有"免死金牌"。据说，宋太祖赵匡胤曾在祖庙的石碑上刻下神秘的遗言，碑上蒙着轻纱，外人包括宰相都不许观看，但历任皇帝即位，必须由一个不识字的太监陪同前去默读遗言。后来金朝灭北宋占领皇宫时，才发现这份遗言。它涉及两点，其中一点是"不得杀士大夫及上书言事人"，并立下重誓："子孙有渝此誓者，天必殛之。"

所以宋代知识分子敢于抗争，敢于言事。据说寇准还没做宰相时，与宋太宗讨论政事，意见不合，起了争执，皇帝很生气，却又不便发作，只好借故暂离现场，可是寇准却不依不饶，事没说完，不让皇帝走，硬是直接拉住皇帝龙袍，强迫皇帝回归座位。皇帝气恼不得，只得老老实实重新商量政事。事后，皇帝还表扬了寇准。王安石给宋神宗讲课，不仅坚持自己坐着给皇帝讲课，还坚持要皇帝站着听课，皇

帝也只得答应。可见宋代统治者对文人的器重、敬重与优待。

3.宋代文化的全面自觉。

宋朝倡导文教，重视文化整理，广开科举，书院、私学大量出现，形成了空前的文化繁荣景象。

在讨论"格物致知"时，我们曾分析了宋代矗立的五座文化高峰，一是文学的高峰，诗词文赋、南戏话本，全面丰收。二是政治上迎来了一个改革的时代，先是范仲淹等主导的庆历新政，接着有王安石的改革。三是史学上出现了伟大的编年体通史《资治通鉴》。四是哲学思辨的高峰，出现了周敦颐、程颢、程颐、张载、朱熹、陆九渊等一大批哲学巨子，影响深远的理学、心学由此开幕。五是科技的高峰。中国科技在宋代进入史无前例的崭新时代，在当时，几乎达到了世界科学中心的高度。尤其值得注意的是后面两座高峰，因为中国的哲学思考一直贫弱，科技长期沉寂，到宋代却出现了井喷。

这是一个知识分子全面崛起的时代，这是一个知识分子大有作为的时代，正是在这样的时代、这样的文化背景之下，知识分子砥砺德行、尊崇气节、研究学术、开宗立派、参与政治、建功立业，产生了伟大的文化自信和庄严而神圣的政治、文化、历史的责任感与使命感，这样，便有了张载的"四为之志"。

传统士子的使命意识

张载，北宋学者，人称"横渠先生"。我们在《民胞物与》一章中提到，张载从小天资聪颖，才华横溢，品格超常，喜谈兵事，渴望建功立业，很受范仲淹器重，后来他得范仲淹指点，潜心学术，精研儒学，遍读儒释道典籍，融会贯通，建立了自己庞大的思想体系，成为中国历史上杰出的思想家。

张载提出了广为传诵的"横渠四句"："为天地立心，为生民立命，为往圣继绝学，为万世开太平。"这四句话自南宋以来一直流传。文天祥在科举考试的殿试对策卷中曾这样引用横渠四句："圣人出而为天地立心、为生民立命、为往圣继绝学、为万世开太平，亦不过以一不息之心充之。"并以此立意，被钦点为状元。今人冯友兰先生将其拈出，称之为"横渠四句"。

这四句话，后两句比较好理解，前两句尤其是第一句，理解起来有难度，也有分歧。

"为天地立心"，最初人们的解释是在天底下确立仁者之心、圣人之心，这是拘泥于儒家和理学的解释，而且什么是"圣人之心"，也不好理解。

句中的"天地之心"，源于《周易·复卦·象传》："'反复其道，七日来复'，天行也……复，其见天地之心乎。"从《复》卦可以看出天道的用心。张载的"为天地立心"，就是见天地之心，就是寻找天道运行之心，也就是天地自然乃至社会的运行规律或准则，使人心合于天心，达到天人合一的境界。为天下立下天人合一之道，要天人合一，则需先知天道，是人合于天道。天地之心，在道家是道，在儒家也是道，道家是自然之道，儒家是人世之道。天地无口不能言，作为知识分子，要代天地立言。这是知识分子的创造使命。所以，冯友兰说，"为天地立心"是指文化创造。

"为生民立命"，传统的解释是通过修身，使自己的生命个体能够安身立命，即孟子的"修身立命"。这个理解可能偏狭了，说"安身立命"是对的，但是谁安身立命？应该是"民"，是大众，为生民立命，应该是为大众寻找安身立命之所，这个安身立命之所，就是精神的家园。所以，作为知识分子，不仅要能独善其身，更应自觉承担起为普罗大众寻找并确立精神家园、安顿其灵魂的历史使命，要自觉为民众提供精神营养，确立人生信仰和行为准则，不断修正其人生观、价值观，引导其构建真善美的心灵世界，即所谓正三观。知识分子是社会的良心。这是知识分子的社会责任。

至于"为往圣继绝学"，这是指文化的传承与发扬，是知识分子的文化使命。

"为万世开太平"，这是知识分子的政治使命。从孔子开始，以天下为己任，天下大同，一直是中国知识分子所追求的政治境界。

"四为之志"，这气象，这气魄，这胸襟，也只有宋代才能产生。

张载"四为之志"的价值在哪里？这要将其与中国历史上的立志名言做些比较。

中国历史上，关于人生抱负的名言有很多，我们不妨先做些梳理。

按照时间顺序，最先提出的是"三不朽"：

公元前549年（鲁襄公二十四年），鲁国的叔孙豹与晋国的范宣子曾就何为"死而不朽"展开讨论，范宣子认为他的祖先从虞、夏、商、周以来世代为贵族，家世显赫，香火不绝，这就是"不朽"。叔孙豹则不以为然，他认为范宣子说的这种家世显赫、香火不绝，只是世代享有俸禄而已，不能叫不朽，真正的不朽是："'太上有立德，其次有立功，其次有立言'，虽久不废，此之谓三不朽。"就是道德品行为世人垂范，文治武功能泽被苍生，真知灼见可传于后世。

紧接着，孔子提出了"君子之道"。《论语》一书，主要是在阐述君子精神。君子精神，实际上是周时代的贵族精神。君子意志坚强、品德高尚，他自强不息、厚德载物、仁义怀德、成人之美、和而不同、泰而不骄、胸怀坦荡、不忧不惧、问心无愧。君子勤学好问、见贤思齐、博学多能。君子仪表堂堂、文质彬彬。君子勇于担当、任重道远。

接着，公元前3世纪，庄子提出了"内圣外王"之说。这被认为是当时各个学派研究的共同内容，后来演变为知识分子的人生理想，指内有圣人的才德，对外施行王道，即人格理想和政治理想两者的结合。

与"内圣外王"几乎同时，孟子提出了"独善兼济"。《孟子·尽心上》说："穷则独善其身，达则兼善天下。"说的是知识分子如果仕途通达，能有幸参与政治，就应以苍生为念，为民谋福祉；如果时运不济，没有机会一展宏图，也应退而修身，洁身自好。

可能与孟子同时代，《大学》提出了"修齐治平"："古之欲明明德于天下者，先治其国；欲治其国者，先齐其家；欲齐其家者，先修其身。"将人生目标由小到大设为三个层次，第一层次是"齐家"，即治理好家庭、领地；第二层次是"治国"，治理好诸侯国；第三层次就是"明明德于天下"，也即"平天下"。而三者又都必须以"修身"即自我修养为前提。

到北宋时，张载提出了"民胞物与"："民，吾同胞；物，吾与也。"要求知识分子以民为同胞，以万物为同类。基于孟子的"亲亲仁民爱物"，又超越孟子思想，进入到平等博爱的人生理想层次。

到明清易代，民族危亡，知识分子们提出了"天下兴亡，匹夫有责"。与此同时，还提出了"经世致用"等。

这八种说法中，"天下兴亡，匹夫有责"，是在强调一个公民的基本责任；"民胞物与"，强调的是人生态度；"经世致用"是指治学的价值取向；"君子之风"，强调的是人格的范式与要求，而且含义是笼统模糊的。严格地说，这四者都不能进到知识分子的人生理想层面。剩下的四个中，"内圣外王""独善兼济""修齐治平"三个意思差不多，可以归为一类，都是在说"内圣"与"外王"两个方面。"修齐治平"是内圣外王的阶梯与层级，"修"是内圣，"齐治平"是外王；"独善兼济"是内圣外王前提下的穷通守则，穷时偏内圣，达时要外王。这三者指的都是知识分子的修身与治国，缺少知识分子应具有的"知识"要素。

比较而言，"三不朽"最具有知识的价值。最先提出的"三不朽"，涉及知识分子"伦理、政治、学术"的三重理想，学术的因素虽在后，但毕竟有，守住了知识分子的根本。而随后的独善兼济、修齐治平，只指向了伦理与政治，丢却了学术的根本，甚至可以说，其他四个关涉理想的概念——君子之风、民胞物与、匹夫之责、经世致用，也都是"内圣外王"的不同版本而已。这充分反映了自儒家始，中国知识分子浓厚的政治伦理情结和对学术的轻视。

张载的"四为之志"则不同，它不仅回归到春秋前期的"三不朽"，而且又远远高于"三不朽"。

其一，其出发点高。三不朽的立足点在于个体生命的"不朽"，是从个体生命出发，从小我立意，目的在"我"。"四为之志"，则是从社会、人类、历史的角度出发，是从大我立意，目的在"天地、生民、文化、历史"。

其二，维度更全面。"四为之志"从四个维度确立了中国知识分子的历史使命，这四个维度即知识的创造维度、精神的引领维度、文化的传承维度、政治的实践维度。这中间，尤其增加了"精神引领维度"，与"三不朽"的立德、"独善其身"的树榜样比，"四为之志"更有其帮助民众寻找精神家园，确立人生信仰，安顿个体灵魂的价值。

其三，"三不朽"并非纯粹的知识分子的理想与使命，立德、立功的，都可以不是知识分子。而"四为之志"，则基本上是属于知识分子的，知识创造、精神引领、文化传承，非知识分子莫属。

其四，也是最重要的一点，那就是"四为之志"强调了知识分子的根本。与"三不朽"比较，它不仅重提学术，并将其作为首位与前提，恢复了知识分子的本来面目。

四者的顺序很有讲究，"为天地立心"是知识分子最大、最根本的价值，也是后面"三为"的前提和基础，"为生民立命、为往圣继绝学"是知识分子的主要任务，"为万世开太平"是知识分子的终极目标。也就是说，在张载看来，知识的创造、思想的启蒙和文化的传承，才是知识分子最基本的责任，作为知识分子，知识才是其命脉所在。但是中国知识分子在角色定位上往往只重视对近期政治功利向度的单向认同，忽视了非功利的学术向度。中国知识分子历来试图构建两个世界，即真善美的人类心灵世界和真善美的社会秩序，缺少为知识而知识的传统，对知识的痴迷精神不够，学术独立的氛围始终不浓，最终导致学术成为政治的附庸。

如果说中国知识分子也有重视知识的一面的话，那么我们重视的是知识传承，而不是创造，这就是我们文化的"经学传统"。所以，在文明之初，中华民族给人类文明做出了不可磨灭的伟大贡献，有许许多多领先世界的创造发明，可是随着历史的发展，我们死守着经学传统，只是"为往圣继绝学"，这恐怕是导致李约瑟之问的根本原因。其实知识分子最应该重视的是构建纯粹的知识的世界，而这一点恰恰是中国知识分子所忽视甚至鄙弃的。这恐怕也是导致长期误读张载"为天地立心"的重要原因。

张载所处的时代是知识分子自我意识全面觉醒的时代，有宋一代，不仅是知识分子全面参政的时代，更是知识分子重建中国学术的时代，从哲学到史学到科技，都重新构建了庞大的知识体系。这是张载确立知识分子的角色意识的时代原因，而张载自身庞大的思想体系的构建，则是他知识分子自我意识觉醒的结果。

 撷英掇华

原典

先生少喜谈兵，本跅弛豪纵士也。初受裁于范文正①，遂翻然知性命②之求，又出入于佛老者累年。继切磋于二程子③，得归吾道④之正。其精思力践，毅然以圣人之诣⑤为必可至，三代⑥之治为必可复。尝语云："为天地立心，为生民立命，为往圣继绝学，为万世开太平。"自任自重如此。（《宋元学案·横渠学案》黄百家按语⑦）

①范文正：范仲淹，谥号"文正"。②性命：指古代研究个人情志、个性、天命等的学问。③二程子：指北宋理学家程颢和程颐两兄弟。子，尊称。④吾道：这里指儒家之道。⑤诣：到。这里指所达到的境界。⑥三代：指中国历史上夏、商、周三个朝代，古人认为那是具有理想政治的时代。⑦《宋元学案》：明清之际思想史著作，黄宗羲、黄百家父子整理。书中全面而详细地记述了宋元两朝的学派源流，评介了各派的学说思想。

文本大意 张载先生年轻的时候喜欢谈论兵法，本来是豪侠之士。后来受到范仲淹先生的指点，于是决然探求性命之学，又在佛家和道家典籍中探求多年，不久又与程颐程颢两兄弟切磋，终于回归儒家的正道。他深入思考，努力实践，毅然认为圣人的境界是必定可以达到的，夏商周三代的太平政治是可以恢复的。他曾经跟我说："知识分子应该主动寻找天地自然乃至社会的运行规律；自觉为民众提供精神营养，确立人生信仰和行为准则，引导其构建真善美的心灵世界；继承和发扬往圣先贤的伟大的学术，以期建立起长治久安的太平盛世。"他就是这样具有一种文化的责任感和使命感。

二十四年春①，穆叔如晋②。范宣子逆之③，问焉，曰："古人有言曰：'死而不朽'，何谓也？"穆叔未对。宣子曰："昔匄之祖，自虞以上为陶唐氏④，在夏为御龙氏⑤，在商为豕韦氏⑥，在周为唐杜氏，晋主夏盟为范氏，其是之谓乎？"穆叔曰："以豹所闻，此之谓世禄，非不朽也，鲁有先大夫曰臧文仲⑦，既没，其言立，其是之谓乎？豹闻之，'太上有立德，其次有立功，其次有立言'，虽久不废，此之谓三不朽。若夫保姓受氏，以守宗祊，世不绝祀，无国无之，禄之大者，不可谓不朽。"（《左传·襄公二十四年》）

①《左传》是编年体史书，以鲁国国君年号纪年。这里指鲁襄公二十四年，相当于公元前549年。②穆叔如晋：穆叔，鲁国大夫叔孙豹。如：往。③范宣子逆之：范宣子，晋国国卿，祁姓、士氏（按封地又为范氏），名匄（gài），即士匄，"宣"是其谥号。逆：迎，招待。④虞、陶唐：都是上古帝王。陶唐：即唐尧；虞：即舜帝，有虞氏，谥曰"舜"。传说唐尧禅位给虞舜。⑤御龙氏：夏代帝王赐予臣子刘累的贵族封号。⑥商王武丁封刘累后人为豕韦氏。⑦臧文仲：春秋时鲁国大夫。先：表示已经去世。

文本大意 鲁襄公二十四年春天，鲁国大夫穆叔访问晋国，晋卿范宣子接待他，问道："古人有句话叫'死而不朽'，是什么意思呢？"穆叔没有回答。宣子说："我的祖先在虞舜以上是陶唐氏，在夏朝是御龙氏，在商朝是豕韦氏，在周朝是唐杜氏，在晋国是主持华夏结盟的范氏，说的就是这个吧？"穆叔说："据我所听闻的，这称之为世禄，并不是不朽。鲁国大夫臧文仲去世后，他的话世代相传，所谓不朽说的就是这个吧？我听说，所谓不朽，最上等的是树立榜样，其次是建立功勋，第三是建言立说。这些经久不废，才称之为不朽。如果像您说的这样保住姓氏，守住宗庙，世代祭祀不断，这种情况哪个国家都有。俸禄再多，也不能称之为不朽。"

名言

◎太上有立德，其次有立功，其次有立言。（春秋·叔孙豹）

◎己欲立而立人，己欲达而达人。（春秋·孔子）

◎如欲平治天下，当今之世，舍我其谁也？（战国·孟子）

◎忽奔走以先后兮，及前王之踵武。（战国·屈原）

◎大丈夫处世，当扫除天下。（东汉·陈蕃）

◎致君尧舜上，再使风俗淳。（唐·杜甫）

◎居庙堂之高则忧其民，处江湖之远则忧其君。（宋·范仲淹）

◎为天地立心，为生民立命，为往圣继绝学，为万世开太平。
（宋·张载）

◎衙斋卧听萧萧竹，疑是民间疾苦声，些小吾曹州县吏，一枝一
叶总关情。（清·郑板桥）

◎陶潜酷似卧龙豪，万古浔阳松菊高，莫信诗人竟平淡，二分梁
甫一分骚。（清·龚自珍）

成语

◎心驰魏阙：指臣民心在朝廷，关心国事。

◎创业垂统：创立功业，传给后代子孙。

◎立人达人：指帮助人建立功业，提高地位。

◎任重道远：责任重大，要经历长期的奋斗。

◎蹈厉之志：本形容舞蹈的动作威武有力。比喻奋发向上的志向。

◎安身立命：指生活有着落，精神有寄托。

第 10 课

君子之道：中华民族的贵族精神与道德典范

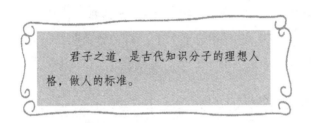

　　君子之道，是古代知识分子的理想人格，做人的标准。

国人的君子崇拜

中国是一个君子崇拜的国度，几乎将汉语里所有形容男性美好品格的词语都拿来形容君子，你看：

说君子品德高尚时，有君子以自强不息，君子以厚德载物，君子怀德，君子喻于义，君子成人之美，君子独善其身，君子慎独，君子周而不比，君子和而不同，君子泰而不骄，君子坦荡荡，君子爱财有道，君子不忧不惧，君子仰不愧于天、俯不怍于人，君子终日乾乾。

说君子富有学问时，有君子博学，君子见贤思齐，君子朝闻道夕死可矣。

说君子仪表不俗时，有谦谦君子，君子文质彬彬。

说君子责任重大时，有君子不器，君子之德风，君子修己安人，君子心忧天下，"先天下之忧而忧，后天下之乐而乐"的，是君子，"安得广厦千万间，大庇天下寒士俱欢颜"的，是君子。

人们将一切美好的事物比作君子，所谓君子比德，君子如玉，花中君子（兰花，莲花），兵中君子（剑），梅兰竹菊四君子。

高尚的交往，也是君子之交，连男子追求心目中的女子，也是君子好逑。

还有"儒将""儒商"的称谓，不也很有君子的意味吗？

周代的贵族精神

在一般人的心目中，中国的君子文化始于儒家，其实其来有自。我们不妨去西周至春秋那几百年间，到《诗经》中去看看：

君子于役（yì），不知其期，曷（hé）至哉？

鸡栖于埘（shí），日之夕矣，羊牛下来。

君子于役，如之何勿思！

（《国风·王风·君子于役》）

风雨如晦，鸡鸣不已。既见君子，云胡不喜！

（《国风·郑风·风雨》）

这是女子将丈夫称为君子。

淑人君子，其仪一兮。其仪一兮，心如结兮。

（《国风·曹风·鸤鸠》）

这是将贤人称为君子。

这样的篇章实在太多了。据笔者统计，《诗经》中，君子一词出现一百八十七次；三百零五篇诗歌中，有六十二篇出现君子一词，其中《国风》除《齐风》《陈风》《豳风》没有出现之外，一百六十篇风诗共有二十篇出现君子，占八分之一，共五十六次；《小雅》中出现频率最高，七十四篇诗歌，有三十二篇出现君子，占百分之四十三多，共一百零二次；《大雅》三十一篇诗歌有九篇出现君子，占到了将近百分之三十，共出现二十八次。只有《颂》四十篇，只出现一次。

《雅》是贵族祭祀之诗歌，而《雅》中君子出现频率如此之高，可见其在周代贵族心中的地位。君子实际上应该是周代贵族的人格追求，或者是周朝贵族用君子一词来标示一种贵族精神，而这种贵族精神自然也影响到民间，所以虽然《国风》中君子一词的出现频率明显低于《小雅》和《大雅》，但也达到了百分之二十。应该说，在我们文化的源头，这种君子之风实际上表达的是一种贵族精神，《诗经》时代，是一个君子崇拜时代。

《周易》据传是周文王所作的卦辞，六十四卦中就有四卦直接出现君子一词，如《坤》卦的"君子有攸往"，《否》卦的"不利君子贞"，

《同人》卦的"利君子贞",《谦》卦"君子有终"。三百八十四条爻辞可能是宣王时期的史籀（公元前800年左右）所作，出现"君子"十六次。如果再将《周易》的《彖传》《象传》（一般认为是孔子所作）中的"君子"计算在内，全书不到两万字，君子一词出现一百零四次。作为中国文明源头的《诗经》和八卦卦爻辞，君子一词出现频率如此之高，尤其如周文王、周公、史籀这样的贵族都如此钟情君子之风，不仅说明君子精神是那个时代的人格标准，也似乎能说明君子精神实际上就是周时代的贵族精神。

君子一词本就源于贵族。易中天说，君，原指古代国家最高统治者，俗称君主。君子，原本是国君之子的意思。根据古代宗法制度要求，国君之子从小就要接受理想和人格的规范教育，所以君子自然成为国人个人修养的楷模。后来，君子一词便被引申为道德学问修养极高之人的统称。如果考察得更细致点，也许还能发现，宗法制度下，正妻所生第一个孩子叫嫡长子，第二个孩子叫次子，妾生的孩子叫庶子。由长子形成的家庭体系叫大宗，大宗的长子方可叫君。诸侯之君叫国君，大夫之君叫家君。如果是天之子就叫天子，公之子就是公子，君之子就是君子。大宗里的男性就简称君子。其余由诸如次子和庶子组成的家庭体系为小宗，小宗里的这些男性简称小人。

究其源头，"君子"一词实际指贵族后代中的男子。古代贵族对子女的要求相当高，要求他们成为社会表率。

孔子的君子情结

孔子出身于没落贵族，他一生以维护和恢复周礼为己任，所以，以君子之风为代名词的周时代的贵族精神，无疑是他特别钟情的。《论语》一书仅君子一词就出现一百零八次。

其实,《论语》关于君子的论述,远不止君子一词,"士""贤者""仁者""大人""成人""圣人"等,都与君子相关。《论语》全书,"士"字出现十八次,至少有十四次与君子含义相同;"仁者"出现二十三次,"贤者"出现五次,基本上都接近君子含义;"圣人"出现四次,含义基于君子,但高于君子。如果将接近君子含义的"士"和"仁者""贤者""圣人",全都算作君子概念,那么,《论语》全书出现君子概念至少有一百五十四次,全书仅二十章,五百一十二小节,一万五千九百字,这个一百五十四次的概率,应该是很高了。

如果说《诗经》、八卦卦爻辞的君子精神可能还更多地停留在贵族层面,那么,作为没落贵族代表的孔子,作为文化传播者的孔子,无疑将君子这一贵族精神加以广泛推广,推广到了整个士的阶层,推广到了知识分子阶层。

可以这样说,从《周易》到《诗经》再到儒家,终于全面建立了以"君子"为代名词的推行于整个士阶层的社会道德规范。之后,儒家学派不断完善,进而推而广之,君子最终成为中国人的道德典范。

美玉与君子比德

君子之所以能成为中国人的道德典范,就在于其特殊的本质。君子比勇士更儒雅,比绅士更正义,比书生少了几分酸腐之气,比英雄少了几分草莽之气,他达可兼济天下,穷可独善其身。

君子与西方的绅士比起来,具有更高的人格素养。也许西方的绅士更注重仪态、外表,所谓风度翩翩,彬彬有礼,谈吐高雅,他们虽然也重视内在的修养,但也许更注重培养外在气质。而中国的君子,虽然也注重外在修养,如文质彬彬,博学于文,但更注重内在精神品质,如坦坦荡荡,和而不同,舍生取义,厚德载物,仰不愧于天,俯不作于人；注重的是其责任和使命，如仁以为己任，修己安人，心忧天下；是其社会影响和价值，如君子不器，君子德风。所以君子要严格要求自己，终日乾乾，泰而不骄。尤其在对待金钱上，西方绅士对待金钱的态度可能更积极，而中国君子更讲究"爱财有道"，甚至是"谋道不谋食，忧道不忧贫"，"不义而富且贵，于我如浮云"。中国的君子更具有人格的典范性。

在先秦时代，人们认为只有玉堪与君子相称，所以有"君子比德于玉"的说法。这种说法源于《诗经》。《秦风·小戎》上说："言念君子，温其如玉。"

后来孔子将这一传统确立下来。一次，孔子的学生子贡问孔子，为什么君子特别看重玉，开始子贡以为是因为物以稀为贵，但孔子告诉他，实际上是玉的品格与君子相似，"温润而泽，仁也；缜密以栗，知也；廉而不刿，义也；垂之如队，礼也；叩之其声清越以长，其终诎然，乐也；瑕不掩瑜、瑜不掩瑕，忠也；孚尹旁达，信也；气如白虹，天也；精神见于山川，地也；圭璋特达，德也。天下莫不贵者，道也。"意思是，玉温润而有光泽，像君子的仁；玉致密坚实，像君子的智；棱角方正而不伤人，像君子的义；沉重欲坠，像君子的礼；声音清越悠长，终了戛然而止，像君子的乐；瑕不掩瑜，瑜不掩瑕，像君子的忠；色彩四溢，像君子的信，等等。玉有"仁、知、义、礼、乐、忠、信、天、地、德、道"共十一种德性。管仲也有相似的论述。

翻开《说文解字》，查到"玉"字条，会发现一个奇怪现象，这本字书在解释文字的时候，基本上只解释字的字形、读音和其基本含义，用语力求简洁，可是在解释"玉"字时，却不厌其烦地申说其象征意义："石之美，有五德：润泽以温，仁之方也；䚡（sāi，角中的骨头）理自外，可以知中，义之方也；其声舒扬，专以远闻，智之方也；不桡而折，勇之方也；锐廉而不忮（zhì，嫉妒），洁之方也（锋利而不伤害别人，是廉洁的象征）。"

中国古人像崇拜君子一样，有一种崇玉心理。玉是古人的重要配饰，《礼记》一书有一篇很长的专文《玉藻》，对此做了专门阐述："天子玉藻，十有二旒，前后邃延，龙卷以祭。"就是说天子所戴的冕，其前端悬垂着十二条玉串，天子在祭天地和宗庙时，就要头戴这种冕，身穿龙袍。还说："笏：天子以球玉（球玉，美玉）。"笏是古代君臣上朝的必备工具，天子的笏板必须是玉做的。"（君子）凡带必有佩玉，唯丧否。佩玉有冲牙；君子无故，玉不去身，君子于玉比德焉。天子佩白玉而玄组绶，公侯佩山玄玉而朱组绶，大夫佩水苍玉而纯组绶，世子佩瑜玉而綦组绶，士佩瓀玟而缊组绶。孔子佩象环五寸而綦组绶。"从天子到士，他们的革带上一定有佩玉，只有在办丧事时例外。佩玉上有个部件叫冲牙。君子如果没有特殊原因，玉不离身，因为君子是以玉来象征德行的。天子佩白玉，用玄色的丝带；诸侯佩山玄色的玉，用朱红色的丝带；大夫佩水苍色的玉，用纯色的丝带；世子佩美玉，用苍青色的丝带；士佩瓀玟，用赤黄色的丝带。孔子闲居，佩的是直径五寸的象环，用苍青色的丝带。这更是把佩玉上升到礼法的高度。

自西周以来，玉器成为君权神授的形象代表，于世间万物之中荣登至尊地位。自秦以后，玉被做成天子神器，称为传国玉玺，玉玺成为赋有上天之命的国家政权法定信物。

从玉佩到玉玺，从中国古代贵族生活到国家政治，几乎都有一种恋玉情结。

据考古发现，中国在石器时代和青铜器时代之间可能存在一个玉器时代。《光明日报》1990年7月4日报道："浙江省考古研究所研究员牟永抗和该所特约研究员吴汝祚等人6月底完成的一次研究证明，中国在石器和青铜器、铁器之间还存在着一个玉器时代，并认为这是中国文明起源的重要标志。……玉器最早出现于七八千年之前，而玉器时代则大约距今5000~3500年。玉的分布范围北起燕山，西及陕西和长江中游地区，东到泰山周围的大汶口文化，南到广东，形成了一个新月形玉器文化圈。"另据1990年10月28日新华社电讯："吉林省文物考古部门最近在松辽平原西部镇赉县发现一座新石器时代玉器墓。"

从文字中也能体现中国历史上存在一个玉器时代。笔者曾就从石、从玉、从金的字数查阅《说文解字》《辞源》(1979年版)和《中华大字典》，列表如下：

书名	从石字数	从玉字数	从金字数
《说文解字》	57	142	203
《辞源》	194	188	313
《中华大字典》	646	528	1050

由于货币的原因，从金的字特别多，《辞源》与《中华大字典》中从石从玉的字相差不大，但《说文解字》中，从玉的字几乎比从石的字多了两倍。从玉的字多可证：其一，玉器时代之说可成立；其二，中国人有一种崇玉心理。一般来说，相对于石、金，玉与人的生活关系要疏远些，但中国古代从玉之字的比例竟如此之高！中国人以玉为宝，从玉的字大多表示美好的事物。如果联系到以玉为词素构成的词，更可证此。可以说，中国人把许多美好的人、事、物都以玉来形容，人之美、食之美、自然之美、神仙境界都以玉来形容。

玉是美的象征，难怪君子比德于玉。

 撷英掇华

◀ 原典 ▶

《论语》论君子

子曰："君子坦荡荡，小人长戚戚①。"(《述而》)

子曰："君子义以为质，礼以行之，孙②以出之，信以成之。君子哉！"(《卫灵公》)

子夏曰："君子有三变：望之俨然，即之也温，听其言也厉。"(《子张》)

子曰："君子谋道不谋食。耕也，馁③在其中矣；学也，禄在其中矣。君子忧道不忧贫。"（《卫灵公》）

子曰："君子矜而不争，群而不党④。"（《卫灵公》）

子曰："君子道者三，我无能焉：仁者不忧，知者不惑，勇者不惧。"子贡曰："夫子自道也。"（《宪问》）

子曰："君子博学于文，约之以礼，亦可以弗畔⑤矣夫。"（《雍也》）

孔子曰："君子有九思：视思明，听思聪，色思温，貌思恭，言思忠，事思敬，疑思问，忿思难，见得思义。"（《季氏》）

子曰："君子食无求饱，居无求安，敏于事而慎于言，就有道而正焉，可谓好学也已。"（《学而》）

①戚戚：忧愁。②孙：同"逊"。③馁：饥饿。④矜：庄重矜持。党：拉帮结伙。⑤畔：同"叛"。

文本大意 孔子说："君子胸怀坦荡，小人经常忧愁。"

孔子说："君子以义作为根本，用礼加以推行，用谦逊的语言来表达，用忠诚的态度来完成，这就是君子啊。"

子夏说："君子有三种变化：远看他似乎庄严可怕，接近他又温和可亲，听他说话则严厉不苟。"

孔子说："君子只谋求道行，不谋求衣食。耕田也常要饿肚子，学习可以得到俸禄。君子只担心道不能行，不担心贫穷。"

孔子说："君子庄重而不与人争执，合群而不拉帮结伙。"

孔子说："君子之道有三个方面，我都未能做到：仁德的人不忧愁，聪明的人不迷惑，勇敢的人不畏惧。"子贡说："这正是老师的自我写照啊！"

孔子说："君子广泛地学习古代的文化典籍，又以礼来约束自己，也就可以不离经叛道了。"

孔子说："君子有九种要思考的事：看的时候，要想到看清了没有；听的时候，要考虑听清了没有；要考虑自己的脸色是否温和；要考虑容貌是否谦恭；要考虑言谈是否忠诚；办事时要考虑是否谨慎严肃；遇到疑问，要考虑是否应该向别人询问；愤怒时要考虑是否有后患；获取财利时，要考虑是否合乎道义。"

孔子说："君子，饮食不求饱足，居住不求舒适，对工作勤劳敏捷，说话却小心谨慎，到有道的人那里去匡正自己，这样就可以说是好学了。"

君子比德

子贡问于孔子曰："敢问君子贵玉而贱珉①者何也？为玉之寡而珉之多与？"孔子曰："非为珉之多故贱之也、玉之寡故贵之也。夫昔者君子比德于玉②焉：温润而泽，仁也；缜密以栗③，知也；廉而不刿④，义也；垂之如队⑤，礼也；叩之其声清越以长，其终诎⑥然，乐也；瑕不掩瑜、瑜不掩瑕，忠也；孚尹旁达⑦，信也；气如白虹，天也；精神见于山川，地也；圭璋特达⑧，德也。天下莫不贵者，道也。《诗》云：'言念君子，温其如玉。'⑨故君子贵之也。"（节选自《礼记·聘义》）

①珉（mín）：同"珉"，像玉的石头。②比德于玉：拿玉来和人的美德相比。③栗：坚实。④廉：棱角，方正；刿（guì）：割伤。⑤队：同"坠"。⑥诎：戛然而止。⑦孚尹旁达：玉的色彩晶莹发亮。⑧圭璋特达：玉珪、玉璋通达情义。⑨言念君子，温其如玉：出自《诗经·秦风·小戎》。言：发语词，无意义。全句意谓"多么想念君子啊，他就像玉那样温文尔雅"。

文本大意 子贡问孔子："请问君子以玉为贵而以珉为贱，这是为什么呢？是因为玉少而珉多吗？"孔子说："并不是因为玉少就认为它贵重，也不是因为珉多而轻贱它。从前君子将玉的品质与人的美德相比。玉温润而有光泽，像仁；细密而又坚实，像智；有棱角而不伤人，像义；悬垂就下坠，像礼；敲击它，声音清脆而悠长，最后戛然而止，像乐；玉上的瑕疵掩盖不住它的美好，玉的美好也掩盖不了它的瑕疵，像忠；玉色晶莹发亮，光彩四溢，像信；玉的光气如白色长虹，像天；玉的精气显现于山川之间，像地；朝聘时用玉制的珪璋通达情意，像德；天下人没有不珍视玉的，像尊重道。《诗经》说：'每想起那位君子，他温和得如同美玉。'所以君子以玉为贵。"

❀ 名言 ❀

◎君子不重则不威。（春秋·孔子）

◎君子坦荡荡，小人长戚戚。（春秋·孔子）

◎君子周而不比，小人比而不周。（春秋·孔子）

◎君子和而不同，小人同而不和。（春秋·孔子）

◎君子成人之美。（春秋·孔子）

◎君子喻于义，小人喻于利。（春秋·孔子）

◎君子食无求饱，居无求安，敏于事而慎于言，就有道而正焉，可谓好学也已。(春秋·孔子)

◎君子之德风，小人之德草。(春秋·孔子)

◎君子乐与人同，小人乐与人异。君子同其远，小人同其近。(《周易》)

◎君子有终身之忧，而无一朝之患也。(战国·孟子)

◎君子之交淡若水，小人之交甘若醴(lǐ，甜酒)。君子淡以亲，小人甘以绝。(战国·庄子)

成语

◎君子固穷：君子在穷困中也能坚守道德，不失节操。

◎君子不器：君子不像器具那样，作用仅仅限于某一方面。指君子不能囿于一技之长，而当有更高的追求，那就是"道"。

◎君子如玉：君子的品性就像美玉一样。

◎君子之交：淡而久远的道义之交。

◎君子徇(殉)名：君子为名节而牺牲。

第 11 课

有容乃大：美美与共，天下大同

有容乃大：有包容心，有气量，才能有大成就、大格局。语出《尚书·君陈》："尔无忿疾于顽。无求备于一夫。必有忍，其乃有济。有容，德乃大。"

清末民族英雄林则徐有一副很有名的八字联：海纳百川，有容乃大；壁立千仞，无欲则刚。

"海纳百川，有容乃大"，的确是中华文化的重要特征。

四个故事，四种包容

中国文化中，关于包容的故事多得很。

鲍叔牙与管仲

春秋时期，齐国的管仲与鲍叔牙是一对好朋友，但在常人看来，管仲总有这样那样的不足。

年轻时，管仲与鲍叔牙一起做生意，赚了钱管仲却总是要多拿一份，对此，鲍叔牙不仅不生气，反而说："管仲并非贪小便宜，而是因为家里穷，多拿一些有何不可？"

后来管仲替鲍叔牙办事，事情没办好，使鲍叔牙处于不利境地，鲍叔牙没有因此而责怪管仲，反而替他解围，说是因为办事的时机不成熟。

管仲与召忽两人辅佐公子纠失败，召忽为公子纠自杀尽忠，而管仲却被囚禁，人们指责管仲没有尽为臣之忠，而鲍叔牙却说他是不拘小节，反而向公子小白推荐了他。当鲍叔牙推荐管仲为相后，自己却甘居其下。管仲十分感动，说："生我的是父母，而了解我的却是鲍叔牙！"从此以后，他们结成了生死之交。而公子小白也没有因为管仲曾经辅佐他的政敌公子纠而弃管仲不用，反而

管仲像

任命管仲为宰相，因而成就霸业。

鲍叔牙和齐桓公对管仲的包容，成就了管仲，成就了齐桓公的霸业，也成就了鲍叔牙知人、包容的美好名声。

诸葛亮与孟获

另一个大家比较熟悉的故事应该是《三国演义》中诸葛亮七擒孟获了。

刘备去世以后，诸葛亮拟北伐中原。但是，蜀国南部并不安稳，地处南中地区的少数民族大酋长孟获发动叛乱，诸葛亮必须先平叛以解后顾之忧。怎么平叛？有人建议，派一员大将南下足以消灭孟获，丞相就不必深入那不毛之地了。但是诸葛亮考虑得更长远，他要对孟获恩威并施，以收服人心。诸葛亮命令部下，遇到孟获时千万不要伤害他，要抓活的。第一次战斗，蜀军很快就逮住了孟获。当士兵押孟获进营时，诸葛亮亲自给他松绑，并摆酒款待，然后将他放走了。几天后，孟获又带兵来挑战，结果又战败被俘。孟获仍然不服，诸葛亮又将其释放。随后一战再战，一连打了七次，孟获被擒七次。最后一次，孟获又被押解到蜀军营帐。这次，《三国演义》是这样描写的：

却说孟获与祝融夫人并孟优、带来洞主、一切宗党在别帐饮酒。忽一人入帐谓孟获曰："丞相面羞，不欲与公相见。特令我来放公回去，再招人马来决胜负。公今可速去。"孟获垂泪言曰："七擒七纵，自古未尝有也。吾虽化外之人，颇知礼义，直如此无羞耻乎？"遂同兄弟妻子宗党人等，皆匍匐跪于帐下，肉袒谢罪曰："丞相天威，南人不复反矣！"孔明曰："公今服乎？"获泣谢曰："某子子孙孙皆感覆载生成之恩，安得不服！"孔明乃请孟获上帐，设宴庆贺，就令永为洞主。所夺之地，尽皆退还。孟获宗党及诸蛮兵，无不感戴，皆欣然跳跃而去。后人有诗赞孔明曰：

羽扇纶巾拥碧幢，七擒妙策制蛮王。至今溪洞传威德，为选高原立庙堂。

作者在这里不说孟获羞，倒说孔明羞。所以评论家西子林评道："孔明幽默。……妙妙！胜似打，胜似杀。"

禅师与小偷

鲍叔牙的宽容是对朋友的宽容，是对知己的宽容，是对才子的宽容。诸葛亮的宽容是对对手的宽容，是用宽容收服人心。而下面这则故事，则更直击人心。

一位一贫如洗的禅师在山中参禅，一天趁月光皎洁，漫步林中，忽然感觉一缕月光透进心中，顿然开悟。这时他走回住处，却隐隐约约看到自己茅屋里似有个黑影在闪动，禅师心想，莫非是来了小偷？但自己的禅房内没有任何值钱的东西呀。这样想着，禅师走到了茅屋门口，站在那儿等了一会儿。这时，找不到任何财物的小偷正要离开。禅师知道小偷一定找不到任何值钱的东西，便将自己的僧衣脱下，拿在手上。

小偷出门遇见禅师，正感惊愕、惶恐，不料禅师却说："你远道而来，不可让你空手而回，夜凉了，小心着凉，你带着这件衣服回家吧！"说着，将僧衣披在小偷身上。小偷在尴尬中低头溜走了。禅师看着小偷的背影消逝在迷蒙月色之中，心头一阵感慨："可怜的人呀！但愿我能送一轮明月给他。"第二天，禅师醒来，却见昨晚披在小偷身上的僧衣被整齐地叠放在门口。禅师高兴地喃喃自语："我终于送了他一轮明月。"

禅师的宽容，是对弱者的同情，是对生命的点拨，是对灵魂的拯救。

李斯与秦国逐客令

战国时，秦国已经非常强大，大有一统天下之势，于是各国各出奇谋企图阻止这一趋势。当时的韩国就用了一计，叫"疲秦之计"。韩国派水利专家游说秦王嬴政（即后来的秦始皇），说可以从韩国修建一条三百余里的渠道到秦国，引流入秦，来浇灌秦国良田。这看起来是一条富国之计，实际上却是韩国的计谋，他们想以这项浩大的工程来拖垮秦国，并以三百里长渠阻挡秦国向韩国的进攻。

后来秦国发现这是韩国人的奸计，便迅速终止了这项计划。正因为此，秦国人觉得一切外国人都靠不住，尤其是宗室大臣向秦王进言，说来秦的客卿大抵都想游间于秦，都可能是奸细，于是秦王下令驱逐所有客卿。

李斯当时本来很受秦王器重，但因为是楚国人，也在被驱逐之列。这时李斯主动上书，写下千古流传的《谏逐客书》。在上书中，李斯提出："太（泰）山不让土壤，故能成其大；河海不择细流，故能就其深；王者不却众庶，故能明其德。是以地无四方，民无异国，四时充美，鬼神降福，此五帝三王之所以无敌也。"秦王采纳了他的建议，收回逐客令，并恢复李斯官位。事实上后来秦国的客卿在秦统一六国的过程中，起到了非常重要的作用。

这种包容，是海纳百川的包容，是延揽人才的方式，是重要的政治策略。

儒道互补与有容乃大

中国文化是一种包容的文化，是一种具有海纳百川的气度的文化。在文化的源头上，儒道两家便是以包容为重要特色的。

道家的核心是道，儒家的核心是仁。而这"道"与"仁"，都指向了包容。

在老子的思想体系中，道的本质是虚无，所谓"道可道，非常道；名可名，非常名。无，名天地之始；有，名万物之母"。在老子这里，天下一切始于"无"，"道"亦起于"无"，"无"是"道"的重要属性。

正因"道"是虚无的，才善纳万物。就像苏轼说的那样："静故了群动，空故纳万境。"（《送参寥师》）老子更从水得到启示："上善若水，水善利万物而不争。处众人之所恶，故几于道。居善地，心善渊，与善仁，言善信，政善治，事善能，动善时。夫唯不争，故无尤。"（《老子》第八章）利万物而不争，处众人之恶，故几于道，是水之德，也是道之德。

所以，老子特别提出"江海之所以能为百谷王者，以其善下之，故能为百谷王。是以圣人欲上民，必以言下之；欲先民，必以身后之"（《老子》第六十六章）。海纳百川，才能成为万水之王。"知常容，容乃公，公乃全，全乃天，天乃道，道乃久，没身不殆。"（《老子》第十六章）"容"，成为"道"非常重要的内涵。而要海纳百川，就必须不争，相互间你争我斗，互不相让，何来海纳？所以，不争，也就成了道家学说的固有之义了。而不争，实际就是顺其自然，而自然又恰是道的本质。

道家哲学是一种退守的哲学，所以"有容乃大"是其逻辑必然。而儒家是进取之学，但主张"天行健，君子以自强不息"的儒家，却同样提倡包容。进取的儒家强调修身齐家治国平天下，"修齐治平"的起点是修身，而修身的关键是仁，所以儒家思想，尤其是孔子的思想，核心就是仁。

那么，仁的关键在哪？儒家认为就在"忠恕"二字，孔子曾向他的弟子曾参说："参乎，吾道一以贯之。"这一以贯之的"道"是什么呢？曾参曾说："夫子之道，忠恕而已矣。"孔子曾经教导子贡，子贡问孔子："有一言而可以终身行之者乎？"回答道："其恕乎！己所不欲，勿施于人。"这里甚至只提出"恕"字，那么至少可以说明，"恕"是孔子仁学的非常重要的内容。

恕是什么？"恕"就是"躬自厚而薄责于人"（严于律己，宽以待人）；就是"君子尊贤而容众，嘉善而矜不能"（尊重贤者，包容众人，称赞善者，同情弱者）；就是"己所不欲，勿施于人"；就是"人不知而不愠"（别人不了解也不生气）；就是"以能问于不能，以多问于寡"；就是"犯而不校"（别人冒犯了自己，也不计较）；就是"毋意、毋必、毋固、毋我"（不主观臆测，不绝对肯定，不拘泥固执，不自以为是）；就是"以直报怨，以德报德"（以公正之心对待自己怨恨的人，以感恩之心对待对自己有恩的人）；就是"不怨天，不尤人"（不埋怨天地，不埋怨别人）。总之，就是严于律己，宽以待人；尊贤纳众，同情弱者；虚心求教，不耻下问；宽恕对手，以直报怨；和而不同，周而不比；不师心自用，不固执己见，不一意孤行。

在孔子看来，做到这些，就是君子了。《周易》更是从大地的品性在于包容万物、承载万物得到启发，提出了"地势坤，君子以厚德载物"的至理名言。

中国文化的海纳百川

这种厚德载物、海纳百川的思想，对中国文化产生了广泛的影响。

如前所举事例，我们可以看到，在中国文化里，不仅有对朋友的包容，有对弱者的包容，更可以有对政敌的包容，真可以包举四海。这种思想影响了人们的政治生活，政治家曹操就非常仰慕大海的"日月之行，若出其中；星汉灿烂，若出其里"（《观沧海》）。他仰慕高山，仰慕大海，仰慕善于海纳百川的周公："山不厌高，海不厌深，周公吐哺，天下归心。"（《短歌行》）像唐太宗，也是善于纳谏的明君。

这种有容乃大的思想，不仅影响了政治生活和人们的日常行为，更形成了整个文化多元共存的特色。

我们在讨论"儒道互补"时，谈到儒家与道家的相容互补，不仅是儒道两家，甚至在宗教领域，也是一样的。在中国宗教史上，不仅没有发生过宗教战争，而且还形成了一种兼容互补的格局。中国本土的宗教是道教，可是中国人对于外来宗教却采取了主动吸纳的态度。

汉明帝曾主动派中郎将蔡愔（yīn）等十八人到西域访求佛道，请得佛像经卷，以白马驮回洛阳，并迎请西域天竺僧人迦叶摩腾、竺法兰等来华传布佛教，下令在洛阳建白马寺安置来华僧人。到南北朝，中国佛教形成第一个高峰，南朝宋、齐、梁、陈各代帝王大都崇信佛教。杜牧有诗句"南朝四百八十寺，多少楼台烟雨中"，就反映了南朝佛教的盛况。

而中国文化对外来宗教的包容与吸纳，不仅表现为本土宗教没有与其产生强烈冲突，甚至表现为本土宗教与其相容互补。

六朝时代，就已显现儒道佛三教合流的趋势。东晋道士葛洪认为"儒道佛"三家一致，他"以六经训俗士，以方术授知音"。后来陶弘景等人也宣传"三教合一"思想。东晋还有一个"虎溪三笑"的传说。相传高僧慧远大师交游广阔，与名士多有来往。他住在庐山东林寺，为表潜心研究佛法的决心，他曾立一誓约："影不出户，迹不入俗，送客不过虎溪桥。"一次，儒生陶渊明和道士陆修静来访，三人相谈甚欢，不觉天色已晚，慧远送出山门，边谈边走，依依不舍，忽听密林中虎啸风生，猛然发现，慧远送客已经越过虎溪界限了。三人相视大笑，执礼作别。后人还在此处修建"三笑亭"，亭上有一联：桥跨虎溪，三教三源流，三人三笑语；莲开僧舍，一花一世界，一叶一如来。

南朝齐梁年间有一个名士叫傅翕，世称"双林大士"，他头戴"儒冠"，身穿"僧衣"，脚着"道履"，集儒、释、道于一身，以示"三教一家"。

唐代更是一个儒释道三家并存的时代。唐代统治者自然以儒家为基本的治国思想，但是对于老子，对于道家，却有一种特别的感情。同时，他们又特别派遣僧人赴天竺求取真经。唐代是佛学翻译的高峰期，不仅如此，当时还产生了真正的中国化的佛教——禅宗。而唐代文人，或以道兼儒，如李白；或以儒兼道兼法，如白居易；或亦儒亦佛，如王维。

大致从元代开始，就出现了孔子、释迦牟尼、老子三圣共祀于一堂的现象，即所谓"三教堂"。明太祖朱元璋倡导三教合一，儒释道共祀一堂的现象便更普遍了，还出现了以儒释道合为一图的现象，以至于后来朝廷又下令禁止，如明永乐三年朝廷颁布禁令，"禁祀孔子于释老宫"。普通民众往往进道观，行佛礼，似乎没有任何违和之感。

书院主要是用来研究、传播儒家学说的，但中国不少书院却是建在道观或寺庙，或是由道观或寺庙支持开办的。如宋朝四大书院之一的嵩阳书院，原属嵩阳观，是个道观。还有杭州的求是书院，原先是普惠寺，万松书院则建在报恩寺。

从古典名著《西游记》中也可以看出这种佛道兼容的文化韵味。

在《西游记》里有两大世界，一是东方的天帝——玉帝的天庭，一是西方的佛祖——如来的佛界。这两个世界互有来往，常见"观音见玉帝，王母谢如来"的情形。对于《西游记》的佛道关系，学者们主要有四种理解：崇道抑佛、崇佛抑道、不抑佛道、抨击佛道。这四种理解恰好说明《西游记》的佛道之争并不明显。

其实，《西游记》讲的是西天取经的故事，而参与西天取经的两个核心人物——唐僧和孙悟空的身份最有意思，他们两个一个代表佛教，一个代表道教，唐僧是佛教代表者，今生是玄奘法师，前世是佛教弟子金蝉子。而孙悟空则可以说是道教代表人物，从其学道再到天庭为官都能证明他与道教的关系。最后孙悟空拜唐僧为师，自此道教出身的孙悟空皈依佛门。孙悟空身份的转换恰是佛教与道教交融的体现。

这种文化的包容与多元互补，体现的是一种文化的自信，只有自信者，才敢于包容，才不怕不同文化的冲击。也许正是因为有这种包容的魔力，才出现了这样一种现象：汉民族虽几度中断统治权，而文化却依旧绵延不绝，甚至反而使异族统治者自动融入汉族文化，而最终形成大中华文化。

1990年12月，日本著名社会学家中根千枝教授和乔健教授在东京召开东亚社会研究国际研讨会，为费孝通先生八十华诞贺寿。在就"人的研究在中国——个人的经历"主题进行演讲时，费老总结出极具美感的十六字箴言：各美其美，美人之美，美美与共，天下大同。这十六字正是中国文化"有容乃大，海纳百川"的伟大精神的体现。

撷英掇华

原典

道冲①，而用之或不盈。渊②兮似万物之宗。挫其锐，解其纷，和其光，同其尘，湛兮似或存③。吾不知谁之子，象帝之先④。（《老子》第四章）

①冲：虚，中。与下文的"盈"相对。②渊：深，深邃，深藏。③湛：深。似或存：看似没有却真实存在。④象帝之先：道在人类产生之前就出现了。

文本大意 道是虚无的，但它的作用却似乎无穷无尽。它那样幽深莫测，像是一切存在的本源宗主。它消磨了锋芒，排解了纠纷，收敛了光芒，浑同于尘俗。它无形无迹呵，像是很不确定的存在。我不知道在它之上还能有什么更本源的存在，只觉得它存在于天帝之前。

致虚极，守静笃①。万物并作②，吾以观其复③。夫物芸芸，各复归其根。归根曰静，是谓复命④。复命曰常⑤，知常曰明。不知常，妄作，凶。知常容，容乃公，公乃全，全乃天，天乃道，道乃久，没身⑥不殆。（《老子》第十六章）

①极、笃：意为极度、顶点。②作：生长、发展、活动。③复：循环往复。④复命：复归本性，重新孕育新的生命。⑤常：指万物运动变化的永恒规律，即守常不变的规则。⑥没身：一辈子。

文本大意 让心灵达到虚静的极点，永保平静的心境。万物一齐蓬勃生长，我来考察其循环往复的道理。万物繁盛纷纭，总要返回其本根。返回的根本就是清静，清静就是复归本性。复归本性就叫自然，认识了自然规律就叫聪明，不认识自然规律就会轻举妄动，就会遭遇凶险。懂自然规律的人善于包容万物，包容万物则坦荡公正，坦荡公正就能普世周全，普世周全就与天合德，天就是自然之道，符合自然之道才能长久，才能终身没有危险。

江海之所以能为百谷王者，以其善下之①，故能为百谷王。是以圣人欲上民，必以言下之②，欲先民必以身后之③。是以圣人处上而民不重④，处前而民不害。是以天下乐推⑤而不厌。以其不争，故天下莫能与之争。（《老子》第六十六章）

①下：处于下位。②上民：居于民之上。以言下之：用言辞表示谦卑。③身后之：将自身利益放在后面。④重：此指负担重。⑤推：推举。

文本大意 江海之所以能成为百川百谷的归属，是因为它总是处在百川的下游，所以能成为百谷之王。因此，想要处于百姓之上，必须在言辞上表现得谦卑；想要走在百姓前面，就必须将自身利益放在他们的后边。因此圣人身居高位，百姓却不觉得负担沉重，跑在前面而百姓却不觉得有危害。因此百姓乐于推举他而不讨厌他。因为他不跟天下人争利，反而天下没有人能与他相争。

❆ 名言 ❆

◎知常容，容乃公，公乃全，全乃天，天乃道，道乃久，没身不殆。（春秋·老子）

◎江海之所以能为百谷王者，以其善下之，故能为百谷王。（春秋·老子）

◎君子尊贤而容众，嘉善而矜不能。（春秋·孔子）

◎太（泰）山不让土壤，故能成其大；河海不择细流，故能就其深；王者不却众庶，故能明其德。（秦·李斯）

◎山不厌高，海不厌深，周公吐哺，天下归心。（东汉·曹操）

◎古之君子，其责己也重以周，其待人也轻以约。（唐·韩愈）

◎静故了群动，空故纳万境。（宋·苏轼）

◎千里家书只为墙，让他三尺又何妨；万里长城今犹在，不见当年秦始皇。（清·张英）

◎海纳百川，有容乃大；壁立千仞，无欲则刚。（清·林则徐）

◎度尽劫波兄弟在，相逢一笑泯恩仇。（现代·鲁迅）

◎各美其美，美人之美，美美与共，天下大同。（当代·费孝通）

◎退一步海阔天空。（俗语）

◎得饶人处且饶人。（俗语）

《成语》

◎以直报怨：以公道对待自己怨恨的人。

◎犯而不校：受到别人的触犯或无礼也不计较。

◎不念旧恶：不计较过去的怨仇。

◎浇瓜之惠：比喻以德报怨，不因小事而引起纷争。梁国与楚国的边亭皆种瓜。楚人妒恨梁人的瓜长得好，夜往毁之。梁人不仅不报复，反而帮助楚人浇瓜，使楚瓜日美。从此梁楚交好。

◎兼容并包：把各个方面或各种事物都容纳进去。

◎兼听则明：要同时听取各方面的意见，才能正确认识事物。

第 12 课

刚柔并济：文化在刚柔的反拨中前行

刚柔并济：刚中带柔,柔中带刚,刚强的与柔和的互相调剂补充，恰到好处。语出汉代王粲《为刘荆州与袁尚书》："金木水火以刚柔相济，然后克得其和，能为民用。"

文化源头的阳刚之气

学者们在比较中西文化时，对中西文化动静刚柔的特性，有两种对立的观点。不少人认为，西方文化主动，中国文化主静；西方文化偏刚，中国文化偏柔。林语堂先生就持这样的观点。中国社科院哲学研究所研究员刘长林先生的《中国系统思维》一书甚至认为，中国传统文化有明显的阴性偏向，其本质性特征与一般女性的心理和思维特征相一致，而西方则有明显的阳性偏向。但著名哲学家、北大哲学系教授、中国哲学研究会会长张岱年先生就反对这种观点，他多次撰文指出，刚健有为、自强不息是中国文化的基本纲领和总的原则，虽然中国文化中也有主静阴柔的一面，但这种文化倾向在中国文化中一直处于从属地位。这也是他的《中国文化的基本精神》一书的基本观点。

专家们各执己见，众说纷纭，虽然令人莫衷一是，但这个现象至少说明中国文化具有明显的刚与柔两方面特征，甚至阳刚与阴柔两方面难分轩轾。我们不妨来具体看看。

先看中华文化源头的两部名著——《尚书》和《诗经》。这两部典籍里充满了勤勉稳健、勇猛深沉的进取气息。

例如《尚书》。我们举《尚书·盘庚》为例。

《尚书·盘庚》共有上中下三篇，记载的是迁都前后商王盘庚对贵戚近臣、庶民百姓发布的谈话和命令，实际上是盘庚的三篇演讲词。比如上篇，是对贵戚近臣的谈话，谈话中他严厉训斥贵戚们贪图安逸不愿迁徙的行为，批评了大臣们的自甘平庸，提出了著名的革新主张："人惟求旧；器非求旧，惟新。"意思是：人要寻求旧的，器物不要寻求旧的，要革新。他鼓励臣子和自己团结一心，同甘共苦，谨遵职守，努力工作。

最后他语气更强硬地说："凡尔众，其惟致告：自今至于后日，各恭尔事，齐乃位，度乃口。罚及尔身，弗可悔！"意思是："你们众人，要思考我告诫的话：从今以后，各司其职，坚守岗位，闭上你们的口，不许乱说。否则，惩罚到你们，后悔就来不及了！"整篇文章充满一种刚健的霸气。事实上《尚书》全书都充斥着这种刚健之气。

再说《诗经》。《诗经》分"风""雅""颂"三部分，其中"雅""颂"两部分，刚健之气表现得非常明显和充分。比如《诗经·大雅·公刘》《诗经·大雅·生民》中描写的周部落诞生之初的艰苦创业。尤其《诗经·大雅·公刘》一诗，是周部族的创业史诗。公刘的曾祖父就是大名鼎鼎的后稷，后稷是尧舜时期掌管农业之官，周朝始祖。公刘继承乃祖遗业，致力农耕，伐木取材，他为周王朝的建立奠定了坚实的基础。

《诗经·大雅·公刘》记叙了公刘由北豳（bīn）迁豳（今陕西旬邑和彬县一带）以后开疆创业的全过程。如迁徙前的准备：划分疆界，率民耕种，广储粮食，然后又挽弓带箭，浩浩荡荡向豳地进发。如到达豳地之后的各种举措：原野勘察，规划设计，推举首领，开疆拓土，训练军队，组织生产，发展农业，扩建京城。最后描写其物阜民丰的繁荣盛景。一个勤劳智慧、深谋远虑、自强不息、刚毅有为、开拓进取之部族首领的英雄形象跃然纸上。

可见，我们文化史的源头是充满着一股阳刚进取之气的。

道家老子的辩证贵柔

可是历史继续前行，让我们的文化又有了另一番风景。这时一个人物登场了，这个人就是道家的创始人老子（约前571~前471）。人们提到老子，都会想到其刚柔相济的思想。但是，读《老子》一书，你会发现，老子论阴柔远比论刚强多得多。他似乎有很强的贵阴柔的思想倾向。

老子思考问题的方法有两点，一是辩证思维，总善于从事物的双

节南山之什图（马和之 绘）

方思考问题。在老子的思想中，"道"是根本，是宇宙的本源，一切生于道，所谓"道生一，一生二，二生三，三生万物"。"一"是宇宙，是"道"。"二"指"道"本身包含着对立的两方面，具体表现为阴气、阳气。而阳代表天，代表男性，代表刚强之物；阴代表地，代表女性，代表阴柔之物。"三"是由阴柔阳刚对立的两方面相互冲突所产生的万事万物。

老子刚柔相济的思想就从这里开始。他发现"万物负阴而抱阳，冲气以为和"（《老子》第四十二章）。万物背阴而向阳，正是阴阳刚柔的冲突与交融，才形成了世界均衡和谐的状态。这应该是他关于阴柔与阳刚的基本思想。这是他的辩证思维，是他善于从事物对立的双方思考问题的结果。

老子思维的另一特点就是逆向思维，他总是从人们习惯思维的反面入手，从而发现问题。例如，他发现万物负阴抱阳，但也正是万物负阴向阳的特性，使得人们似乎有一种阳性的崇拜，他发现了这里的问题，所谓"强梁者不得其死，吾将以为教父"（《老子》第四十二章》）。他发现，"人之生也柔弱，其死也坚强。草木之生也柔脆，其死也枯槁。故坚强者死之徒，柔弱者生之徒。是以兵强则灭，木强则折。强大处下，柔弱处上"（《老子》第七十六章》）。阴柔之物的生存能力远远超过刚强之物，所以："天下之至柔，驰骋天下之至坚。"（《老子》第四十三章》）他还从水中得到启示："天下莫柔弱于水，而攻坚强者莫之能胜，以其无以易之。弱之胜强，柔之胜刚，天下莫不知，莫能行。"（《老子》第七十八章》）从这些分析可以看出，老子的思想是一种贵阴、贵柔的思想。这是他逆向思维的产物。

老子贵柔，但他骨子里是刚的，他敢于逆向思维，敢于挑战大众的思维定式，这要有非凡的勇气，就像他自己说的那样，"勇于敢则杀，勇于不敢则活"（《老子》第七十三章）。有时，敢于"不"，也许更需要勇气。

儒家孔子的外刚内柔

中国文化史上耸立着两大巨人，老子是一位，另一位是与老子几乎同时代的孔子（前551~前479）。孔子比老子小大约二十岁。孔子的形象与老子的形象似乎有较大的反差。

如果老子是一个"知其不可而不为"的退守者的形象，那么你读《论语》时，会感受到一个"知其不可而为之"的不屈服于命运的勇于进取的老者形象："吾十有五而志于学，三十而立，四十而不惑，五十而知天命，六十而耳顺，七十而从心所欲，不逾矩。"孔子一生一直对学问孜孜以求，"默而识之，学而不厌，诲人不倦"；他不放过一切学习机会，"见贤思齐焉，见不贤而内自省也"；以至"发愤忘食，乐以忘忧，不知老之将至"；甚至"朝闻道，夕死可矣"。而他的性格更是刚毅不拔，你看他说，"三军可夺帅也，匹夫不可夺志也"，"岁寒，然后知松柏之后凋也"，"知者不惑，仁者不忧，勇者不惧"，"志士仁人无求生以害仁，有杀身以成仁"。他的"知其不可而为之"，他的自强不息，他的刚毅勇敢，令人赞叹。

但是，读《论语》，还原孔子形象，可千万不要忘了孔子的基本思想是"仁"。就是这么一个充满刚毅之气的勇者，他的基本思想竟然是以阴柔为主的"仁"。"仁"是孔子整个理论大厦的基石。那么"仁"是什么？仁，是孝悌忠信；仁，是"忠恕"；仁，是"己所不欲，勿施于人"；仁，是"己欲立而立人，己欲达而达人"；仁，是"爱人"；仁，是"恭、宽、信、敏、惠"。人而不仁，会发生什么问题？会犯上作乱，"好勇疾贫，乱也。人而不仁，疾之已甚，乱也"。用孟子的话说，仁，就是"恻隐之心""羞恶之心""辞让之心"和"是非之心"。到这里，你发现"仁"的特点了吗？原来，这仁，就是退让，就是宽恕，就是处于下位，就是不犯上作乱，就是不好勇斗狠，一句话，就是"厚德载物"！孔子骨子里是阴柔的"仁心"。

因此，中国文化的两大巨人，一个是外柔而内刚，一个是外刚而内柔。

《周易》思想的刚柔并济

　　文化似乎是在不断的反拨中前行的，中国文化刚柔相济的前行历史就是如此。老子思想似乎是对周文化的反拨，而孔子思想似乎是对老子思想的反拨。而《周易》则是对两者的调和。《周易》被尊为群经之首，但它的成书历史比较复杂。学者们迄今也无定论，或谓卦爻辞成于西周（如顾颉刚先生），或谓成于战国。但不管怎样，《周易》尤其是《象传》明显是综合了儒道黄老等诸家学说，最终形成了自己的系统，可以认为是对老子、孔子思想的吸收与整理的结果。

　　与阴柔与阳刚的两极品格相比，《周易》的思想明显更为中和一些，可以说，《周易》继承了周代积极进取的阳刚精神，继承了老子的辩证思维和阴柔阳刚思想，并吸收了孔子外刚内柔的精神与思想，将阴柔阳刚并济的思想发挥到了极致。

　　从六十四卦的卦序来说，它以《乾》卦为首卦，继之以《坤》卦。将《乾》《坤》两卦置于六十四卦之首，这就很有讲究。《乾》卦代表阳刚，《坤》卦代表阴柔。一刚一柔，两者并列，所以《象传》明确提出，《乾》卦是"天行健，君子以自强不息"，《坤》卦是"地势坤，君子以厚德载物"。不过，从排列顺序看，毕竟《乾》卦为首，《坤》卦居次，这就不同于老子的贵阴贵柔了，似乎更接近孔子。

　　《周易》的主要思想是儒家思想，同时又吸收了道家思想。可见，在阴柔阳刚思想方面，周易似乎有些纠偏的意思，稍微有点偏向于阳刚，但对阴柔同样非常重视。所以在《贲》卦里就提出了"贲，亨，柔来而文刚，故亨"，"刚柔交错，文明以止"。这里一方面是以柔来辅佐刚，另一方面强调刚柔交错，形成天文和人文。在《系辞传》中，对阴柔阳刚问题做了更为明确的阐释，认为"刚柔相摩，八卦相荡"，"刚柔相推而生变化"。至此，刚柔并济的中华文化品格基本形成。

刚兮柔兮，扑朔迷离

刚柔并济的文化理念对中国文化影响巨大，体现在诸多方面。所谓"一张一弛，文武之道"，就是这种思想最好的注脚。

我们在讨论"儒道互补"时，曾提出中国文化的儒道互补，就是一种刚柔相济的体现。

如对士大夫精神修为的影响。中国的读书人一方面有一种阳刚进取的精神向往，具体体现为"为天地立心，为生民立命，为往圣继绝学，为万世开太平"（张载）和"太上有立德，其次有立功，其次有立言"（《左传》）的"三不朽"开拓精神，具有"先天下之忧而忧，后天下之乐而乐""天下兴亡，匹夫有责"的高度责任感、使命感，具有"生当为人杰，死亦为鬼雄"的壮怀激情，具有"穷且益坚，不堕青云之志"的坚忍精神和"富贵不能淫，贫贱不能移，威武不能屈"的大丈夫气概。

如司马迁《史记》中所举的"文王拘而演《周易》；仲尼厄而作《春秋》；屈原放逐，乃赋《离骚》；左丘失明，厥有《国语》；孙子膑脚，《兵法》修列；不韦迁蜀，世传《吕览》；韩非囚秦，《说难》《孤愤》"。包括司马迁本人受腐刑之辱，仍发愤作《史记》，都是这种精神的体现。另一方面，更有"有容乃大""清静无为""仁者无敌""大智若愚"的精神品格。中国文人讲究"穷则独善其身，达则兼济天下"，往往表现为达时阳刚为主，穷时偏重阴柔。

如对中国美学的影响，出现"阳刚之美"和"阴柔之美"并驾齐驱的现象。阳刚包括雄浑、壮丽、豪放、劲健等风格；阴柔包括修洁、淡雅、高远、飘逸等风格。或如掣电流虹，喷薄而出，雄伟劲直；或如烟云舒卷，蕴藉出之，温秀深婉。青铜器皿、汉画像砖、宫殿建筑、豪放词、《木兰辞》、颜柳字、京剧秦腔，属阳刚之美；彩陶、宫廷舞蹈、婉约词、《孔雀东南飞》、行书、园林、越剧昆曲，属阴柔之美。不过，也许中国文学中阴柔的成分会多一点？如屈原建立的香草美人传统，"善鸟、香草、以配忠贞"，"灵修、美人，以媲于君"，明显是偏阴柔的。古代须眉男子却总喜欢模拟女子口吻写些闺怨弃妇诗词。在男权社会，男子却认同身体柔弱、多愁善感为美甚至直接"由男化女"。也许文人阶层审美中的阴柔成分多一些，而民间则更偏阳刚一些。就像中国的四大古典名著《三国演义》《水浒传》《西游记》《红楼梦》，前三者基于民间创作，明显是波澜壮阔、大气磅礴，体现了一种阳性美，尤其是前两部。而《红楼梦》作为纯粹的文人创作，其阴柔的审美倾向表现得非常明显。

武术是偏重阳刚的，但在气功加进中国功夫后，明显增加了武术的阴柔成分。所以，中国功夫讲究刚柔并济、内外兼修，既有刚健雄美的外形，更有典雅深邃的内涵。其中少林一派，偏重阳刚，武当一派，偏重阴柔。太极拳更被称为"虚实拳"，是一种外柔内刚的典型代表。

如中国兵法，无疑强调"两军相争勇者胜"，但是更重视谋略、心理战，讲究虚实等，即所谓"柔武"。《逸周书》中说，"善政不攻，善攻不侵，善侵不伐，善伐不阵，善阵不战，善战不斗，善斗不败"，"善战不斗，故曰柔武"；《战国策》中说，"凡伐国之道，攻心为上，攻城为下；心胜为上，兵胜为下"。

中国文化明显是刚柔兼济的，但到底是以刚为主还是以柔为主，还真难以说清。

撷 英 掇 华

《 原典 》

天尊地卑，乾坤定矣。卑高以陈①，贵贱位矣。动静有常，刚柔断矣。方以类聚，物以群分②，吉凶生矣。在天成象，在地成形，变化见矣。是故刚柔相摩，八卦相荡，鼓之以雷霆，润之以风雨；日月运行，一寒一暑。乾道成男，坤道成女。乾知大始，坤作成物……

圣人设卦观象，系辞③焉而明吉凶，刚柔相推而生变化。是故吉凶者，失得之象也；悔吝④者，忧虞⑤之象也；变化者，进退之象也；刚柔者，昼夜之象也。六爻⑥之动，三极⑦之道也。是故君子所居而安者，《易》之象也；所乐而玩者，爻之辞也。是故君子居则观其象而玩其辞，动则观其变而玩其占⑧，是以自天佑之，吉无不利。（《周易·系辞上》）

①陈：陈列，排列。②方以类聚，物以群分：方，事情所向，即事物。与下文的"物"构成互文。③系辞：指将卦爻的爻辞连缀在卦爻后面。④悔吝：卦爻辞中的吉凶断语。悔：小不幸；吝：困难。⑤虞：忧虑、担忧。⑥六爻：八卦由阴爻（--）和阳爻（—）组成。每一卦由六条阴线或阳线组成，这六条阴线或阳线叫六爻。⑦三极：三种最高的道，即天道、地道、人道。极：最高的道。⑧占：占卜。

文本大意 天尊贵处于上，地卑下处于下，乾坤由此确定了。卑下高上已经陈列，贵贱之位确立了。天地动静有其常规，阳刚阴柔即可断定。万事以其类相聚，万物以其群相分，吉凶便产生了。在天形成日月风云之象，在地生成山川草木之形，变化就显现了，所以刚柔相互摩擦，八卦代表天地风雷水火山泽互相激荡。以雷霆鼓动，以风雨滋润，日月运行，寒暑交替。乾道成就阳性事物，坤道成就阴性事物。乾主导的阳气作为盛大的开始，坤主导的阴气配合着化成万物。

圣人设置八卦及六十四卦，观察卦象和爻象，将文辞连接在后边来明示吉凶，阳刚阴柔相互推移而产生变化。所以卦爻辞的吉凶，为人事的失和得之象；悔吝，为忧虞之象；变化，为进退之象；阳刚阴柔，为昼夜之象。六爻的变动，含有天道、地道、人道的变化。所以闲居而观察的，是卦的象；喜乐而玩习的，是卦爻的文辞。因此君子闲居时则观察卦象，玩味其文辞；行动时则观察卦爻的变化，玩味其占问。所以自有上天保佑，吉祥而无不利。

名言

◎天下之至柔，驰骋天下之至坚，无有入无间。（春秋·老子）

◎见小曰明，守柔曰强。（春秋·老子）

◎人之生也柔弱，其死也坚强。草木之生也柔脆，其死也枯槁。

故坚强者死之徒，柔弱者生之徒。是以兵强则灭，木强则折。强大处下，柔弱处上。（春秋·老子）

◎刚柔交错，文明以止。（《周易》）

◎刚柔以立本，变通以趋时。（南朝梁·刘勰）

◎是故欲刚者，必以柔守之；欲强者，必以弱保之；积于柔则刚，积于弱则强。（《淮南子》）

◎蕭闻天地之道，阴阳刚柔而已。文者，天地之精英而阴阳刚柔之发也，惟圣人之言统二气之会而弗偏。（清·姚鼐）

◎阴不离阳，阳不离阴。阴阳相济，方为懂劲。（清·王宗岳）

《 成语 》

◎以柔克刚：用柔软的去克制刚强的。

◎外柔内刚：外表柔和而内心刚正。

◎宽猛相济：指政治措施要宽和严互相补充。

◎一张一弛，文武之道：比喻宽与严、刚与柔要互相补充，交替使用。也比喻有紧有松，劳逸结合。

◎侠骨柔肠：铁骨铮铮，侠肝义胆，却也有着温柔细腻的感情。

◎剑胆琴心：比喻刚柔相济，任侠儒雅，既有情致，又有胆识。

第 13 课

返璞归真：警惕人性异化，追求真情真性

返璞归真：指回归到一种朴素本真的原初状态。语出《战国策·齐策四·齐宣王见颜斶》："斶知足矣，返归于璞，则终身不辱也。"

隐士文化的精神实质

苏轼写过一篇叫《方山子传》的文章。写的是他的老朋友陈慥。这个人年轻时行侠仗义，后来发奋读书，想驰名天下，到了晚年却隐居在光州、黄州一带，不与世俗往来。他住茅草屋，吃素食，家徒四壁，但全家人都怡然自得。他毁坏书生衣帽，戴上古代那种方方的高帽子。这种帽子在古代叫"方山冠"，人们不知道他的名字，见他戴着方山冠，便称他为方山子。

陈慥追求的是一种返璞归真的生活。这种生活就是古代的隐士生活。中国自古多隐士，隐士多文人。隐士文化是中国古代一种特有的文化现象，使中国文化具有了一种特殊的审美意韵。

当然，中国古代的隐士有很多种。

先说两种假隐士，一种是机缘不遇，暂时隐忍，待价而沽者，如姜子牙、诸葛亮、刘基等。归隐非目的，只为待时而动，最终要走出山林，进入世俗。另一种是求官不得，不如以归隐当作终南捷径，如唐朝的大诗人孟浩然，甚至李白也曾经隐居四川岷山和山东徂徕，以积累名气。

而真隐士大致有四种情况：

或因政治黑暗，不愿与统治者合作而愤然归隐。如《论语》中提到的长沮、桀溺、接舆，就是这类人。

或因避乱远害，全身远祸。庄子可能就是这类隐士。据《庄子》记载，庄子钓于濮水，楚威王想请他来辅佐朝政，派两个使者带上许多珍珠玉帛来请他，庄子以龟为喻，问来的大臣："你看那庙堂上的神龟，虽然包着锦缎，供于神庙，它是宁愿死去留下骨头让人们珍藏呢，还是情愿活在烂泥里摇尾巴呢？"两个大臣说："当然情愿活着在烂泥里摇尾巴。"庄子说："请回吧！我要在烂泥里摇尾巴。"

或因经历坎坷，心灰意懒，不如回归田园，自由自在。如上引苏轼《方山子传》中的陈慥、春秋末期的范蠡、唐代大诗人白居易。

或因生性淡泊，不慕名利，爱好自然，追求自由。 如历史上有名的隐士——"浔阳三隐"，即东晋陶渊明、周续之、刘遗民三位隐士。据南朝梁萧统《陶渊明传》记载："时周续之入庐山事释慧远，彭城刘遗民亦遁迹匡山，渊明又不应征命，谓之'浔阳三隐'。"因三人都住在庐山附近，亦称"庐山三隐"。

不管什么原因，真正的隐士追求的是重新寻找人生价值，追求自身的修养境界，他们往往看淡名利，不求闻达，心如止水，身似枯木，又襟怀高旷，笑傲万物，娱情诗酒，崇尚自然，怡然自得。

这一点在陶渊明身上体现得最为典型。

例如他的《归园田居》：

> 少无适俗韵，性本爱丘山。误落尘网中，一去三十年。
> 羁鸟恋旧林，池鱼思故渊。开荒南野际，守拙归园田。
> 方宅十余亩，草屋八九间。榆柳荫后檐，桃李罗堂前。
> 暧暧远人村，依依墟里烟。狗吠深巷中，鸡鸣桑树颠。
> 户庭无尘杂，虚室有余闲。久在樊笼里，复得返自然。

读此诗，不妨先将前八句和最后两句合起来看，你会发现其中有三个关键词，一个是"误"，是诗人的后悔，是诗人觉得以前的一切都是错误。误在哪里呢？有这么一组词语：俗、尘网、羁鸟、池鱼、樊笼。这组词语指向一个点，即人性的扭曲。于是来了第二个关键词——"归"，归到哪里呢？归在丘山、旧林、故渊、自然。这些词，指向的不是一般的简单的自然。应当特别注意"旧""故""自然"这三个词，他们指向的是"本来的""原来的"，所以，这就有了第三个关键词——"性"，性本爱丘山。这"性"，就是自然的本性，所以，陶渊明的"归"，不是一般的回归自然，而是"人性的复归"，是一种典型的返璞归真。

这时，你再读一下中间描写田园的那十句诗："方宅十余亩，草屋八九间。榆柳荫后檐，桃李罗堂前。暧暧远人村，依依墟里烟。狗吠

归去来兮辞图卷之一：问征夫以前路（马轼 绘）

深巷中，鸡鸣桑树颠。户庭无尘杂，虚室有余闲。"很多人觉得这景象好美，其实，在陶渊明时代，这样的景太多了，太稀松平常了，算什么美景呢？即使在环境污染很严重的今天，在农村，这样的景也很一般吧？但是，陶渊明却觉得很美，他是那样陶醉。他陶醉的不是景，陶醉的是他终于找到了自己的本真。他在另一首诗《饮酒》中提到"心远地自偏"和"此中有真意"，这"心远""真意"，就是返璞归真。

如果说这两首诗还只能表明陶渊明个人返璞归真的喜悦，那么，他的《桃花源记》则为隐士们、文人们描写了一个理想的世界："土地平旷，屋舍俨然，有良田美池桑竹之属。阡陌交通，鸡犬相闻。其中往来种作，男女衣着，悉如外人。黄发垂髫，并怡然自乐。……问今是何世，乃不知有汉，无论魏晋。"这是什么境界？这里没有灯红酒绿、富裕繁盛，而更像老子当年向往的"小国寡民"，老子向往的是："人复结绳而用之。甘其食，美其服，安其居，乐其俗，邻国相望，鸡犬之声相闻，民至老死不相往来。"如此看来，老子和陶渊明向往的都是一种返璞归真的境界。

所以，隐士代表的文化追求，其本质是在寻找人类的本心和本性，努力还原人类最本真、最美好的东西，使之不至于被现实、世俗的东西异化。换言之，是在追求人性的复归。

返璞归真的根本目的

这种返璞归真的思想无疑是源于道家，源于老庄。而老庄之所以提出返璞归真，是因为他们担心人类的本真会被世俗的外界诱惑异化。老子认为，世间一切动乱的根源有三：一是因为外界事物给了人们太多的诱惑，所谓"五色令人目盲；五音令人耳聋；五味令人口爽；驰骋畋猎，令人心发狂；难得之货，令人行妨"。二是人们的贪欲之心，是欲望，使人们产生了贪婪之心、争斗之心，是欲望使人们不择手段为贼为盗。三是知识，是知识使人们有了争斗的能力与技巧。他说："大道废，有仁义；智慧出，有大伪。"他认为是"智慧"带来了欺诈、虚伪，"天下多忌讳，而民弥贫；人多利器，国家滋昏；人多伎巧，奇物滋起；法令滋彰，盗贼多有"。正是利器、技巧、法令等，滋生了大量问题。在老子看来，外界诱惑、贪欲之心和知识与巧智，是导致人类本真被异化的根源。

为了不被异化，他提倡"不尚贤，使民不争；不贵难得之货，使民不为盗；不见可欲，使民心不乱。是以圣人之治，虚其心，实其腹，弱其志，强其骨。常使民无知无欲。使夫智者不敢为也。为无为，则无不治"，认为"绝圣弃智，民利百倍；绝仁弃义，民复孝慈；绝巧弃利，盗贼无有"。要求人们"见素抱朴，少思寡欲，绝学无忧"。怎么才能做到呢？就是要"常德乃足，复归于朴"，个人要回归到婴儿的状态，社会要回到"小国寡民"，回到"复结绳而用之"的原始状态。

不过，理解老子的这一思想，尤其是理解他的绝圣弃智、小国寡民思想，是有难度的，而且也很容易产生误解。那么，要怎样去理解老子这种极端的思想呢？可以从五个方面考虑：

第一，要从老子的核心思想入手。老子的思想核心是道，尽管"道"的含义很难解说，但至少这几个意思是不会错的：道是规律，是本质；道是本源；道是自然，是自然而然。而这三重意思，其内在都贯穿一个字，那就是"真"，即规律、本质和本源。事物的本来面目就是本真。而自然，无论是自然界之自然，还是自然而然，都是一个不加文饰的天然之真。所以"真"，是老子一直追求的，是道家一直追求的。

第二，老子返璞归真的思想，是从发现问题开始的，他发现随着社会的发展，各个方面的问题随之而来，而最主要的问题就是人性的异化，老子应该是反"异化论"的始祖。

第三，老子的思维方式是辩证的，他总善于从事物对立的双方思考问题。他用辩证的思维告诉我们，知识、智慧、科技，乃至一切的发展，都是一把双刃剑，文明也是把双刃剑。这也正是当代文明要思考的。

第四，许多人认为老子有明显的"反智"倾向，这至少有部分误解。 之所以说部分误解，是因为《老子》一书的确有反对知识的倾向。对于"知"，老子主要有两种意见，一种是反对知识，要使民处于一种"无知"状态。这是有"反智"意味的。老子对于"知"的另一种意见是：即使"知"，也要尽量放低自己，表现为"无知"，所谓"知不知，上；不知知，病"（《老子》第七十一章），所谓"圣人自知不自见"（《老子》第七十二章）。

这里要说一下老子对"智"的态度。《老子》全文，"智"字出现八次，有六次都用于贬义，一次褒贬难分，一次用于褒义。用于褒义的是："知人者智，自知者明。"（《老子》第三十三章）。这说明，老子并不反对一切智慧。在老子心中，"智"分两种，一是他极力批判的诈伪之"智"，巧诈，欺骗，耍心眼，等等，因为这些"智"的核心是"伪"，越"智"就离他所极力推崇的"真"越远，正是这些诈伪之"智"，导致了人性的异化。而另一种"智"，如他所说的知人之"智"，则是真智慧，是通达之"智"，是掌握规律之"智"，是回归本真之"智"。

《老子》一书，就是智慧之书，他的辩证思维是一种最高的智慧，书中每一句话都充满哲理，所以，老子怎么会反智呢？他要反的是"机巧"，是小聪明，是欺诈，是权术，是阴谋。他要倡导的是通达事物本质、掌握事物规律、领悟道的真谛的大智慧。而《老子》一书，就是这样的大智慧的集中体现。

第五，还要注意，老庄的语言特点是"语不惊人死不休"，他们不像温和的儒家，总在那儿谆谆教导，在那儿苦口婆心，在那儿循循善诱。 他们不是，他们要给你当头棒喝，所以，他们总是在用极端的语言警醒你，甚至恐吓你，让你及早回头。这也是老庄的良苦用心。

返璞归真的重要影响

返璞归真的思想，不仅对中国的隐士文化产生了重要影响，还对中国的文学艺术与中医养生产生了深远的影响。

> 沧海一声笑，滔滔两岸潮，
> 浮沉随浪只记今朝……

这几句大家应该很熟悉，它是电影《笑傲江湖》的主题曲《沧海一声笑》中的歌词。这首曲子由香港词曲家黄霑先生作曲填词，曾先后获得1990年金马奖最佳电影主题曲奖、1991年第十届香港电影金像奖最佳主题曲奖，成为中国电影史上的经典名曲。

在创作这首曲子时，发生了一件有趣的事。当时黄霑先生遇到了难题：怎样用音乐的语言表现一对醉心音乐的老朋友脱离江湖、纵情山水的情绪与情感？怎样恰到好处地烘托电影的氛围，表现电影的主题？据说黄霑当年连写了六稿，但电影监制徐克先生仍不满意。

到底应该使用什么样的音乐语言才合适呢？无奈之下，黄霑放松心情，散散步，翻翻书，偶然之间翻到古书《乐志》中的一句话："大乐必易。"易者，简易、平易。也就是说，最好的音乐往往是返璞归真的。黄霑当时心想，最"易"乐音，莫过于中国五声音阶（宫、商、角、徵、羽），就是1、2、3、5、6。先生想，如果反过来呢，是"羽、徵、角、商、宫"，即6、5、3、2、1。他到钢琴前一试，觉得这几个音既简易又婉转动听，声色悠扬，还具中国古曲风韵，易为中国听众接受，于是就顺着写出了整段旋律。不想谱出之后，拿到徐克那里，徐克大声叫好，当即采用。这就是今天我们听到的《沧海一声笑》。

这首曲子为什么会取得如此大的成功呢？一个重要的原因就在于黄霑先生在创作中的返璞归真。这归真，第一体现在"大乐必易"，他用极简的几个音符，表达了此情此景人物的心情，回归电影情节和人物的本真。第二，他用中国民族五声音阶中的"宫、商、角、徵、羽"，抓住了五声音阶的精髓，回归中国音乐的本真，对东方人有着原始的吸引力。第三，他用简朴的音乐，回归了该影片浪漫古朴的基本风格。第四，返璞归真是中国文化的一种审美追求，符合我们民族的审美趣味。

可以说，黄霑先生创作《沧海一声笑》，是音乐创作中"返璞归真"的成功典范。

中国传统美学追求象外之象、韵外之致、味外之旨，追求不著一字，尽得风流，追求童心，追求性灵，实际上，追来追去，就在追一个东西，就是要追求一种超越表象、摆脱造作与虚伪、回归生命本身的与真善美相合的人生境界。就像李贽的"童心说"，就是针对封建社会"无所不假""满场是假"的虚伪现实而提出来的。所以他说："夫童心者，真心也。若夫以童心为不可，是以真心为不可也。夫童心者，绝假纯真，最初一念之本心也。若失却童心，便失却真心；失却真心，便失却真人。人而非真，全不复有初矣。童子者，人之初也；童心者，心之初也。夫心之初，曷可失也？"

返璞归真思想在中医养生方面体现得最为充分，最为彻底。《黄帝内经》的开篇就是《上古天真论》。上古时代，人们日出而作，日落而息，生活完全取法于自然之道，处于一种天人合一的状态。《黄帝内经》号召人们遵循道家自然无为的人生态度，返璞归真，遵循自然的养生之道，做到"形与神俱"，少思寡虑，既保持上天赋予自身的真精真气，又吸收天地的精华，即自然之气，以期得道长生。可以说，返璞归真的思想是中医养生的核心理念。

而"天人合一"就是返璞归真的最高境界。

撷英掇华

《原典》

不尚贤，使民不争；不贵难得之货，使民不为盗；不见可欲，使心不乱。是以圣人之治，虚其心，实其腹，弱其志，强其骨。常使民无知无欲；使夫智者不敢为也。为无为，则无不治。（《老子》第三章）

文本大意 不推崇有才德的人，便能使百姓不互相争夺；不珍爱难得的财物，便能使百姓不去偷窃；不显耀能引起贪心的事物，就能使人心不迷乱。因此，圣人是这样治天下的：排空百姓的心机，填饱百姓的肚子，减弱百姓的竞争意图，增强百姓的筋骨体魄，经常使百姓没有智巧，没有欲望，致使那些有才智的人也不敢妄为造事。无为而治，顺应自然，天下就不会不太平了。

载营魄①抱一，能无离乎？专气致②柔，能婴儿乎？涤除玄鉴③，能无疵乎？爱民治国，能无为乎？天门开阖④，能为雌乎？明白四达，能无知乎？生之，畜之⑤，生而不有，为而不恃，长而不宰。是谓玄德。（《老子》第十章）

①营魄：灵魂体魄。载：助词。②致：达到。③玄鉴：玄妙的心镜。④天门开阖（hé）：天门，自然之门，此指上天赋予人的耳目口鼻。阖：同"合"。⑤畜之：蓄养万物。

文本大意 精神形体合一，能达到不分离的状态吗？聚结元气以致柔和温顺，能达到婴儿的状态吗？擦拭玄妙的心镜，能没有污垢吗？爱民治国能遵行自然无为的规律？五官等自然之门的开阖动静，能像雌性一样安静吗？通晓四方八面，能不用心机吗？生育万物，蓄养万物，育养万物而不占为己有，泽被万物而不自恃有功，领导万物而不主宰万物，这就叫"玄德"。

五色令人目盲；五音令人耳聋；五味令人口爽①；驰骋畋猎②，令人心发狂；难得之货，令人行妨③。是以圣人为腹不为目，故去彼取此。（《老子》第十二章）

①爽：违背，丧失。②驰骋畋猎：纵马打猎。③妨：受损害，指行为不轨。

文本大意 缤纷的色彩，使人眼花缭乱；各种声音，使人听觉失灵；美味佳肴，使人舌不知味；纵情狩猎，使人心情放荡发狂；稀有的物品，使人行为不轨。因此，圣人但求吃饱肚子而不追逐声色之娱，所以要摒弃物欲的诱惑而保持安定知足的生活方式。

知其雄，守其雌，为天下谿。为天下谿，常德不离，复归于婴儿。知其白，守其黑，为天下式。为天下式，常德不忒①，复归于无极②。知其荣，守其辱，为天下谷。为天下谷，常德乃足，复归于朴。朴散则为器③，圣人用之，则为官长。故大制不割。（《老子》第二十八章）

①忒（tè）：过失，差错。②无极：终极真理。③器：器物。指万事万物。

文本大意 了解自己刚强的一面，又能守住自己雌柔的一面，甘愿做天下的溪涧。甘愿做天下的溪涧，永恒的德性就不会离失，回复到婴儿般单纯的状态。深知什么是明亮，却安于暗昧的地位，甘愿做天下的模式。甘愿做天下的模式，永恒的德行就不会产生偏差，从而回归到不可穷极的境界。深知什么是荣耀，却安于卑辱的地位，甘愿做天下的川谷。甘愿做天下的川谷，永恒的德性才得以充足，回复到本初的素朴纯真状态。朴素本初发散为具体的事物，有道的人沿用真朴，则为百官之长。所以，完善的制度浑然如一。

〖名言〗

◎绝圣弃智，民利百倍；绝仁弃义，民复孝慈；绝巧弃利，盗贼无有。（春秋·老子）

◎见素抱朴，少私寡欲，绝学无忧。（春秋·老子）

◎圣人去甚、去奢、去泰。（春秋·老子）

◎甘其食，美其服，安其居，乐其俗。（春秋·老子）

◎圣人不死，大盗不止。（战国·庄子）

◎素朴而天下莫能与之争美。（战国·庄子）

◎真者，精诚之至也。（战国·庄子）

◎无听之以耳，而听之以心。（战国·庄子）

◎羁鸟恋旧林，池鱼思故渊。（晋·陶渊明）

◎此中有真意，欲辨已忘言。（晋·陶渊明）

◎清水出芙蓉，天然去雕饰。（唐·李白）

◎天下之至文，未有不出于童心焉者也。（明·李贽）

成语

◎归全反真：回归到完善的、原本的境界。

◎抱朴含真：保持朴素、纯真的自然天性，不沾染虚伪、狡诈而玷污、损伤天性。

◎童心未泯：成年人还有着孩子的天真。

◎洗尽铅华：洗掉伪装世俗的外表，不藏心机，清新脱俗。

◎修真养性：学道修行，涵养性情。

◎怀真抱素：人格和品德纯洁高尚，质朴无华。

◎遗华反质：谓舍弃浮华而返归朴质。

第 14 课

清静无为：纯正心灵，无违自然

清静无为：春秋时期道家的一种哲学思想和治术。主张心灵虚寂，坚守清静，无为而治，复返自然。语出《老子》第五十七章："我无为，而民自化；我好静，而民自正。"

萧规曹随与无为而治

西汉初年，一方面由于秦末连年征战，国家需要休养生息，另一方面，统治者吸取秦亡的教训，主张"反秦之弊，与民休息"。所以从刘邦统一，历经孝惠、高后、文帝、景帝，都主张清静宽舒，执行与民休养生息的"无为"治术。

汉初统治者很喜欢黄老之学。所谓黄老之学，是一种兴于战国盛于西汉的思想流派，其中的"黄"指黄帝，"老"指老子。黄老之学认为"贵清静而民自定"，主张君主治国要无为而治，掌握政治要领即可，要因势利导，不要做过多的干涉。还主张"省苛事，薄赋敛，毋夺民时"。尊尚黄老，无为而治，成为汉初政治上的一大特色。

萧何像

汉初的皇帝如汉文帝，很少去干预社会生活。文帝的皇后即窦太后，从当皇后到皇太后、太皇太后的四十五年中，极力推崇黄老之术，她甚至规定自己的儿子和窦家的人只准读《老子》。当她的孙子汉武帝即位后，要独尊儒术，重用董仲舒等儒生，窦太后为此大发雷霆，逼着汉武帝罢免了一些官员，汉武帝第一次独尊儒术的图谋因此失败。大臣们也崇尚黄老。《史记》中提到的汉初一些著名的人物，比如曹参、汲黯等，同样也崇尚无为而治。这其中最著名的故事就是"萧规曹随"。

萧规曹随的"萧"指萧何，他曾辅助高祖刘邦建立汉政权。西汉建立后，刘邦认为萧何功劳第一，封他为酂侯，拜他为丞相。刘邦去世后，萧何继续辅佐惠帝。"曹"指曹参，也是

曹参像

中国智慧
写给中学生的18堂国学修身课

西汉的开国功臣。萧何与曹参在早年两人没有当大官的时候，关系非常好，等到两人分别做了将军、丞相，倒有了隔阂。在汉朝第二个皇帝汉惠帝执政的第二年，萧何将死，皇帝问萧何谁能接替他帮自己治理天下，萧何毫不犹豫地推荐了曹参。于是，曹参接替萧何做了汉朝的丞相。

曹参做了丞相之后，一是完全遵守萧何制定的规约，没改变任何政治事务。二是在选拔官吏的时候，曹参特别喜欢那些语言迟钝的忠厚老实人，不喜欢那些说话雕琢、严酷苛刻、想竭力追求名声的官吏。三是似乎整日喝酒没干多少事。

这三种做法都让人颇有微词，尤其是第三点。当时不少大官都觉得，丞相怎么能终日醉醺醺不理政事呢。于是纷纷上门，前来劝谏。曹参倒好，凡来人劝谏，他一一热情招待，请他们吃肉喝酒，喝着喝着，官员们自然要有话讲，曹参又说："来来来，咱们喝酒。"直到喝得大家醉醺醺离开，不给人说话的机会。而他的官邸后园靠近官员的住处，官员每天也在那里饮酒唱歌，曹参的随从觉得太吵闹，讨厌他们，又不好对这些大官们怎么样，便将曹参请到园中游玩，想让曹参看看官员们那种醉酒酣歌的样子，希望曹参能制止他们，哪知曹参不仅不禁止，反而招呼大家"添酒回灯重开宴"，也跟大家一起酣饮高歌。

汉惠帝当时很年轻，也看不惯曹参的作为，便跟曹参的儿子曹窋（zhú）说："你回去劝劝你父亲，他不能这样不理国事。"曹窋按照惠帝的话劝谏曹参，却引来一顿板子。皇帝知道这事后，便责备曹参。这时，曹参向皇帝提了两个问题，第一个问题是："陛下您觉得您和高皇帝也就是高祖刘邦比，哪一个更圣明英武？"皇上当然自知自己赶不上高祖。第二个问题是："陛下您觉得我的能力和萧何比，哪一个更强？"皇帝也觉得曹参赶不上萧何。这时曹参就说："陛下所言极是。高皇帝和萧何平定了天下，明确了法令，现在陛下垂衣拱手，我这样一类人恪守职责，遵循前代之法不要改变，不就可以治理好国家了吗？"惠帝顿时明白，便说："好，您去好好休息吧。"

其实，萧何、曹参们并非不理国事。他们是管大事，不管琐碎的事，想靠万民的自为和自治，不乱干预，不瞎指挥；该有所为则有所为，不该有所为则不为。

汉初实行了如下政策：一是重农抑商，恢复并发展生产。二是勤俭节约，如禁止商人们"衣丝乘车"。汉文帝即位二十三年，"宫室苑囿车骑服御无所增益"，"身衣弋绨（黑色粗厚的丝织物）"，所宠幸的嫔妃衣不能拖地，帷帐无文绣。文帝在营建自己的陵墓时，还明确告诉后人不许起坟，不得以金银做装饰，陪葬品都用瓦器。三是轻徭薄赋，与民休息。四是废除秦朝苛严的法律，约法省刑，清静宽舒，以求百姓安逸。五是废除过路费，开放山泽，让人采掘垦殖。

这些政策的结果是上无为而下有为，无为而无不为，无治而无不治，社会生产很快得到恢复和发展，国家积累了大量财富，出现了"文景盛世"。据《汉书·食货志》记载："至武帝之初七十年间，国家亡（无）事，非遇水旱，则民人给家足，都鄙廪庾尽满，而府库余财。京师之钱累百巨万，贯朽而不可校。"就是说，到汉景帝时代，国家的粮仓都堆满了，粮食一直堆到了仓外；府库里的大量铜钱多年不用，穿钱的绳子都烂了，散钱多得无法计算了。一派百姓安居乐业，丰衣足食的盛世景象。

清静无为的发展脉络

这种清静无为的黄老之学，导源于老子。"清静无为"是老子"道"的学说必然推出的行为准则。老子的学说基于道，而道的基本意义在于其"自然"本性，这"自然"既可以是自然界之自然，更可以是顺其自然的自然。既然顺其自然，那么就不用去争，不用去强力改变，所以"清静无为"便是其逻辑的必然。

《老子》全文对清静无为的论述俯拾皆是，"天下皆知美之为美，斯恶已。皆知善之为善，斯不善已。有无相生，难易相成，长短相形，高下相盈，音声相和，前后相随"，所以就要"处无为之事，行不言之教"。而人之所以去争、去抢，就在于人心不清静，就在于社会诱惑太多，所以，"不尚贤，使民不争；不贵难得之货，使民不盗；不见可欲，使民心不乱。是以圣人之治，虚其心，实其腹，弱其志，强其骨。常使民无知无欲。使夫智者不敢为也。为无为，则无不治"。

只有清静，才能无为，才能不争。所以老子强调要"去甚，去奢，去泰"，要"致虚极，守静笃"。他认为清静无为是"道"的基本特性："道常无为而无不为。"他从水得到启示："上善若水，水善利万物而不争。处众人之所恶，故几于道。……夫唯不争，故无尤。"水处下位而不争，就没有过失。所以"清静为天下正"。清静无为是天下的正道。

他由"道"的特性，提出治国的方略。首先要为政者自己能清心寡欲，"不欲以静，天下将自正"，要"以正治国，以奇用兵，以无事取天下"。这是因为："天下多忌讳，而民弥贫；人多利器，国家滋昏；人多伎巧，奇物滋起；法令滋彰，盗贼多有。故圣人云：'我无为，而民自化；我好静，而民自正；我无事，而民自富；我无欲，而民自朴。'"也就是说，为政者实施的许多所谓的措施，实际上可能是在扰民。所以当为政者心理上"无欲、清静"、行为上"无事、无为"，百姓便会自朴、自正、自富、自化，最后达到自治。

后来的《黄老帛书》《庄子》《吕氏春秋》《淮南子》《黄帝内经》，都继承了这一思想。

如《庄子》就发扬了清静无为的思想。《庄子·人间世》中借孔子和颜回的问答，提出了"心斋"说。颜回问孔子，自己家贫，几个月不饮酒不吃肉，是不是就可以叫"斋"了呢？而孔子认为祭祀之斋，不是心斋。心斋就是要"无听之以耳而听之以心；无听之以心而听之以气"，"虚者，心斋也"，强调虚和静。"唯道集虚"，大道只能汇聚于寂静虚无的心境，只有虚静才能容纳接应宇宙万物。

在《应帝王》篇中，庄子提出："至人之用心若镜，不将不逆，应而不藏，故能胜物而不伤。"心要如镜那么清静。在《天道》篇中，他更明确指出："虚静恬淡寂寞无为者，天地之平，而道德之至也。……虚则静，静则动，动则得矣。静则无为，无为也，则任事者责矣。"还说"静而圣，动而王，无为也而尊，朴素而天下莫能与之争美"。无论居家、为官，无论为臣为君，虚静恬淡、寂寞无为是根本。庄子还用许多生动的寓言阐述了这一思想。

汉代刘向编辑的古代杂事小说集《说苑》一书，侧重从治国安民的角度对清静无为做了阐发。《说苑》记载春秋时期师旷的话说："人君之道，清净无为（即"清静无为"）……此人君之操也。"

无为思想的广泛影响

这种治国之术，对中国政治产生了不小的影响。中国历史上曾出现五大太平盛世，似乎都与这无为而治的治国方略有关。如田齐的黄老之学成就了齐国霸业；汉初的黄老政治形成了"文景盛世"；唐初定道教为国教，垂拱而治，出现了"贞观之治"；明初休养生息，出现了"仁宣之治"；清初轻税减赋，形成了"康乾盛世"。

而《黄帝内经》则侧重从修身养性的角度发展了这一理论。《黄帝内经》的养生理论，重视精神调养，倡导无欲无求，提倡恬淡虚无；依据道家的无为思想，主张节制情欲，调节饮食，平缓情绪，适度运动；主张顺其自然；同时倡导积极采取措施扶正辟邪。

清静无为，既是治国之学，也是修身养性之学。对它的准确理解是：清静、无违、无为。清静指清神静心，心灵虚寂，克制外欲，纯正心灵；无违指顺其自然，尊重自然，尊重规律；无为不是偷懒耍赖，不是无所作为，而是不要揠苗助长，不可盲目蛮干，要"待时而动"，"顺势而为"。

撷英掇华

《老子》论清静无为

上善若水，水善利万物而不争。处众人之所恶，故几①于道。居善地，心善渊②，与③善仁，言善信，正善治④，事善能，动善时。夫唯不争，故无尤⑤。(《老子》第八章)

①几：接近。②心善渊：心处于深藏静默状态。③与：交往，接人待物。④正：通"政"。治：安定太平。⑤尤：过失。

文本大意 最高的善像水。水善于滋润万物而不与万物相争，停留在众人都不喜欢的低下之处，所以最接近于"道"。居于谦卑之地，内心深藏静默，待人祥和慈爱，说话言而有信，施政安定太平，做事发挥才能，行动把握时机。正因为不争，所以没有过失。

道常无为，而无不为。侯王若能守之，万物将自化。化而欲作，吾将镇之以无名之朴。无名之朴，夫亦将无欲。不欲以静，天下将自正。(《老子》第三十七章)

文本大意 道总是顺任自然无所作为，却又没有什么事情不是它所为。侯王如果能遵循，则万事万物就会自我化育。自我化育如果产生贪欲，我就要用这无名之"道"的真朴来镇住它。这样，贪欲就不会产生了。没有贪欲，心灵宁静，天下便自然稳定、安宁了。

为学日益，为道日损。损之又损，以至于无为，无为而无不为。取天下常以无事，及其有事，不足以取天下。(《老子》第四十八章)

文本大意 求学，知识一天比一天增加；求道，知识一天比一天减少。减少又减少，最后达到无为的境地。真正到了无为的境界，就没什么不能做成的了。治理天下的人，永远不要无事找事，如果无事找事，就治理不好天下了。

以正①治国，以奇②用兵，以无事取天下。吾何以知天下之然哉？天下多忌讳，而民弥贫③；人多利器，国家滋昏④；人多伎巧，奇物滋起⑤；法令滋彰，盗贼多有。故圣人云："我无为，而民自化；我好静，而民自正；我无事，而民自富；我无欲，而民自朴。"（《老子》第五十七章）

①正：正常的方法，也就是老子倡导的清静无为的方法。②奇：奇巧诡秘。③忌讳：禁忌。④利器：先进工具、武器等。滋昏：更加混乱不堪。⑤伎（jì）巧：技巧才能。奇物：稀奇古怪的事。

文本大意 以清静无为之道去治理国家，以奇巧诡秘的办法去用兵，以不生事扰民来治理天下。我怎么知道是这种情形呢？天下禁忌越多，而老百姓就越逆反；先进工具越多，国家就越陷于混乱；人们的机心巧智越多，邪风怪事就越厉害；法令越是森严，盗贼就越是增加。所以圣人说，我无为，人民就自我化育；我好静，人民就自然富足；我无欲，而人民就自然淳朴。

《黄帝内经》论清静无为

夫上古圣人之教也，下皆为之①。虚邪贼风②，避之有时，恬淡虚无，真气从之，精神内守，病安从来。是以志闲而少欲，心安而不惧，形劳而不倦。气从以顺，各从其欲，皆得所愿。

故美其食，任其服，乐其俗，高下不相慕③，其民故自朴。是以嗜欲不能劳其目，淫邪不能惑其心，愚智贤不肖，不惧于物，故合于道。所以能年皆度百岁而动作不衰者，以其德全不危故也。（《黄帝内经·素问·上古天真论》节选）

①下皆为之：下面的人都能遵守。②虚邪贼风：四时不正之气。中医将一切致病因素称为"邪"。③高下不相慕：不因地位的高低而羡慕。

文本大意 古代深懂养生之道的人的教导，人们都能遵守。对虚邪贼风四时不正之气，能够及时回避，心绪恬淡，无欲无求，真气充盈顺畅，精神守持于内而不耗散，疾病怎么会发生呢？因此，心志安闲，少私寡欲，情绪安宁，无忧无虑，形体劳作却不疲倦。真气从容和顺，各人的欲求都能满足。

所以，吃什么都觉得甜美，穿什么衣服都觉得漂亮，大家喜爱本地的风俗习尚，愉快地生活，也不羡慕社会地位的高低，所以人们淳朴自然。因而任何不正当的嗜欲都不会干扰他们的视听，淫乱邪僻的事物也都不能惑乱他们的心志。无论愚笨的、聪明的、能力大的还是能力小的，都不因外界事物的变化而动心焦虑，所以符合养生之道。他们之所以能够年龄超过百岁而动作不显得衰老，正是由于他们养生之道完备，身体不被内外邪气干扰。

名言

◎致虚极，守静笃。（春秋·老子）

◎为者败之，执者失之。是以圣人，无为故无败，无执故无失。（春秋·老子）

◎牝（pìn，雌性鸟兽）常以静胜牡（雄性鸟兽），以静为下。（春秋·老子）

◎为无为，事无事，味无味。（春秋·老子）

◎以其不争，故天下莫能与之争。（春秋·老子）

◎静胜躁，寒胜热。清静为天下正。（春秋·老子）

◎夫虚静恬淡寂寞无为者，万物之本也。（战国·庄子）

◎人皆知有用之用，而莫知无用之用也。（战国·庄子）

◎日出而作，日入而息。逍遥于天地之间，而心意自得。（战国·庄子）

◎至人无己，神人无功，圣人无名。（战国·庄子）

◎非淡泊无以明志，非宁静无以致远。（三国·诸葛亮）

成语

◎冰心玉壶：形容心地纯洁，不羡慕荣华富贵。

◎宠辱皆忘：受宠或受辱都毫不计较。常指一种通达的超绝尘世的态度。

◎不言之化：不通过语言进行教育而收到的感化作用。

◎恬淡无为：心境清静自适而无所营求。

◎无为而治：顺应自然，不求有所作为而使国家得到治理。

◎垂拱而治：比喻统治者不做什么，却能使天下太平。

第 15 课

因势利导：顺势而为、善假于物的维新智慧

因势利导：顺着事物的发展趋势加以引导，使其向有利于实现目的的方向发展。语出司马迁《史记·孙子吴起列传》："善战者，因其势而利导之。"

因势利导的三个故事

第一个故事是鲧（gǔn）禹治水。

鲧是大禹的父亲，有崇部落的首领，曾经治理洪水长达九年。但据说，鲧治理洪水采用的是围堵的办法，他偷了天帝一种能自己生长的土壤——息壤，对洪水四处围堵，结果水越高，息壤越高，息壤越高，水越高，历时九年，治水不成，天帝派火神祝融下界将他杀死在羽山。后来大禹子承父业，吸取他父亲的教训，改用疏导之法，以疏为主，疏堵结合，历时十三年，三过家门而不入，终于降服了滔滔洪水。孟子曾这样总结大禹治水的经验："禹之行水也，行其所无事也。"意思是说，大禹治水，就是不违反自然规律，善于因势利导。《淮南子·原道训》说："禹之决渎也，因水以为师。"就是顺水之性，以水为师。

第二个故事是孙膑减灶。

公元前341年，魏国大将庞涓率军进攻韩国，韩国告急，求救于齐，齐国派田忌为主将，庞涓的同门师兄弟孙膑为军师。孙膑采用"围魏救赵"之法，直奔魏都大梁，迫使庞涓放弃韩国，回师救魏。此时齐军孤军深入魏国，悍勇的魏军紧追不舍。追着追着，庞涓发现齐军减员很快，他派人清点齐国军队留下的灶，第一天，齐军留下了十万灶，追到第二天，发现齐军只留下了五万灶，第三天只留下了三万灶。此时，庞涓大喜说："我早就知道齐国军队怯弱，不堪一击，你们看，他们进入我国领土不到三天，士卒剩下不到一半了。"于是他舍弃步兵，带着轻骑精锐兼程追赶孙膑。赶到狭窄的马陵道，忽见大树上白白的一片，便点起火把细看，只见树上写着："庞涓死于此树之下。"刚刚读完，两边万箭齐飞，魏军大败，庞涓自刎。

孙膑像

原来，所谓齐军减员，竟是孙膑之计。孙膑对田忌说："魏军以悍勇著称，齐军以怯弱闻名，那我们就不妨利用这一点，用每天减灶的方式，来诱使庞涓误认为齐军怯弱，大量逃亡，从而只带少部分精锐之师追击齐军。"他说，这就叫"善战者因其势而利导之"。庞涓果然中计。

第三个故事是孟子论与民同乐。

一次，孟子听说齐王喜好音乐，便去和齐王讨论关于欣赏音乐的事情。齐王听说要谈音乐，颇感尴尬，因为齐王喜好的并非儒家推崇的先王之雅乐，而是所谓郑卫之音的流行音乐。

这一来颇有点话不投机。但孟子的高明之处就在于善于就汤下面。不管你喜欢的是什么音乐，他先肯定齐王喜好音乐是好事，说："大王如果非常喜好音乐，那齐国恐怕就治理得很不错了！从某种意义上说，流行音乐与古代雅乐也差不多。"

这一下吊起了齐王的胃口，齐王表现出浓厚的兴趣。

孟子趁机问道："独自一人欣赏音乐和与他人一起欣赏音乐，这两种快乐，哪种更快乐？与少数人欣赏音乐和与多数人欣赏音乐，哪一种更快乐？"

齐王当然说是与多人一起更快乐。

这样，孟子从欣赏音乐，顺势说到了"与众乐"的问题。

然后他再顺势推进一步，说："如果大王喜好音乐，让百姓听到之后都愁眉苦脸，说，您欣赏音乐，为什么要让百姓们流离失所呢？那就说明你没有和大家一起娱乐。反之，您欣赏音乐，大家听到后都眉开眼笑，为您身心健康能够鼓乐田猎而庆幸，那就说明您是和大家一起娱乐。假如您能和百姓同乐，那就可以成就王业了。"

这一下说得齐王心花怒放。

可以说，孟子将因势利导、步步为营的论辩术运用到了极致。

因势利导的多重表现

　　因势利导的思想直接来源于兵家，司马迁在《史记·孙子吴起列传》中记载了战国军事家孙膑的一句话："善战者因其势而利导之。"孙膑的思想来源于其祖先孙武。孙武在《孙子兵法》中有一个著名的比喻，叫"兵形象水"，他说："水因地而制流，兵因敌而制胜。故兵无常势，水无常形，能因敌变化而取胜者，谓之神。"孙武明确提出了因势利导，因势利导是孙武重要的军事思想。

　　作为道家始祖的老子，也倡导因势利导。老子提出的"道法自然"和"无为而治"，都是讲要顺应自然，遵循规律，顺势而为。不争与无为，不是无所作为，而是无所违拗，是"无违"，是顺势。不争，不是不争取，而是不对抗，不与自然规律对着干，不揠苗助长，是为而不"违"，是顺应而非逆行，是待时而动，是顺势而为。老子也以水为喻，提出著名的上善若水。他认为，水"居善地，心善渊，与善仁，言善信，政善治，事善能，动善时"，它"利万物而不争"。其中"动善时"和"不争"，就是顺势而为。

　　庄子寓言《庖丁解牛》的精神就是因势利导。一个厨师在十九年间用一把刀宰牛几千头，不仅从来没有磨过刀，而且刀刃始终像刚刚离开磨刀石一样。为什么能这样呢？这个厨师说，他是顺着牛体天然的解剖结构，顺着骨节的缝隙进刀，从来没有碰到过脉络筋骨相连之处，更不用说去硬碰大骨头了。所以，他说："彼节者有间，而刀刃者无厚；以无厚入有间，恢恢乎其于游刃必有余地矣。"

　　孔子教学生讲究"不愤不启，不悱不发"，讲究因材施教，就像对于什么叫"仁"这个问题，学生不同，他的回答也不同。这是典型的因势利导。

　　孟子的论辩术同样是建立在因势利导的基础上的，除上举的"与民同乐"的例子，再如《齐桓晋文之事》一章，他抓住齐宣王的心理，先顺着齐宣王想成为霸主的心理，从他要厨师将牛换成羊而导致百姓认为他吝啬的话题开始，一步一步分析，一步一步引导，最终水到渠成地得出"保民而王"的道理，从而诱导齐宣王施行仁政。孟子讲"天时、地利、人和"，也是强调顺势而为。

学者们讲因势利导，政治家也讲因势利导。

西周时厉王十分暴虐，百姓都在指责他，周厉王大怒，便派人监视百姓，一旦发现有人批评他，便将其杀掉。弄得国人在路上却不敢说话，只能以眼神示意。大臣召公见此，立即进谏，批评厉王这是堵悠悠之口，他说："防民之口，甚于防川。川壅而溃，伤人必多，民亦如之。是故为川者决之使导，为民者宣之使言。"治水要善于疏导，治民也要善于疏导。他解释说，我们的国家制度有"公卿至于列士献诗"，有"瞽献曲""史献书""师箴""瞍赋""矇诵""百工谏""庶人传语"，等等，目的就在于让国王察纳雅言，疏导民情。疏导民情，成为中国政治的传统。

中国水利建设继承了大禹治水的导引之法，最典型的就是战国时李冰建都江堰。李冰在建设都江堰时，充分利用岷江弯道环流的水流规律和河道坡度，通过修建岷江中心分水堤即鱼嘴，在岷江的弯道处，把岷江分隔为内外两江，形成一阴一阳的态势；又通过修建宝瓶口将分流出的内江水引入灌区，浇灌农田；再通过修建的飞沙堰，将宝瓶口泄入的超过安全线的洪水和泥沙自动泄入外江（岷江）。就这样使枯水季节和洪水季节的水流在不同时间和空间上实现了自动转换调节，保持了岷江流域水系的动态平衡，从而巧妙地解决了沙石淤积和洪水防御两大问题，成功实现了既"引水灌田"又"分洪减灾"的目的。都江堰工程充分体现了中国传统文化中因势利导、因时制宜、顺应自然、引导自然、化害为利的伟大思想。

中医的治病养生也是因势利导的典范。

中医治病讲究因人、因时、因地制宜，顺应病位、病势的特点，根据阴阳消长、脏腑气血运行规律，择机而治。尤其强调顺应人体正气抗邪之势，顺应脏腑、体质、情欲之势，顺应天时日月盈亏之势，顺应地理差异之势等各个方面。所谓"扶正祛邪"，是因正邪消长之势而治；所谓"阴病治阳，阳病治阴"，是因阴阳消长之势而治；所谓"虚则补之，实则泻之"，是因虚实变化之势而治；所谓"春夏养阳，秋冬养阴"，是因四时变化而养。

中国文学艺术追求自然美境，不喜人工做作。但是，文学和艺术又毕竟是人工创作，人工的东西怎么做到自然而然呢？方法便是"借"。

中国古典文学很少直抒胸臆，总是有所凭借，有所依托，然后顺势抒情言志，或借景抒情，或托物言志，或即事抒怀，或怀古抒怀，都是借题发挥。中国诗歌还形成了一种"兴"的传统，所谓"兴"，就是先言他物以引起所咏之词，也就是先利用某个具体的事物造个势，然后再引入正题。再如汉赋，虽然其基本形式是"铺采摛（chī）文"，即张扬文采，反复敷陈，从不同的方面与角度不厌其烦地描写事物，但就其原始的写作目的而言，则是"体物写志"，先尽情体物以造势，然后顺势导入讽喻。

中西园林的最大差异就在于一重人工美，一重自然美。西方园林讲究布局的对称、规则与严谨，重视几何图案的修剪，以体现出人工的精巧和人对自然的改造。中国园林建设考虑的不是改造自然，而是巧妙地利用自然，于是讲究因水构园，因地成形，因地造屋，因地取材。

中国园林最重要的建园方法就是"借"。如白居易的庐山草堂，实在简陋，仅"三间两柱，二室四牖"，木不加丹，墙不加白，"砌阶用石，幂窗用纸，竹帘纻帏"，但景致却又无比优美："仰观山，俯听泉，傍睨竹树云石……台南有方池，倍平台。环池多山竹野卉，池中生白莲、白鱼。又南抵石涧，夹涧有古松、老杉……杂木异草，盖覆其上。绿阴（荫）蒙蒙，朱实离离……"又有飞泉瀑布，声如环佩……"春有锦绣谷花，夏有石门涧云，秋有虎溪月，冬有炉峰雪，阴晴显晦，昏旦含吐，千变万状"。这些美景全在一个"借"字。

明代园林专家计成明确提出"巧于因借"的造园法则。所谓"因"，就是"随基势之高下，体形之端正，碍木删桠，泉流石注，互相借资；宜亭斯亭，宜榭斯榭"。所谓"借"，就是院内院外形成整体，园外之景，为我所用。所以中国园林，水绕山环，曲折蜿蜒，错落参差，自然无碍，源于自然又高于自然。

中国艺术中有一种非常独特的雕刻艺术，叫根雕。它是根据树根（包括树身、竹根等）的自生形态及畸变形态进行艺术处理的艺术形式，讲究"三分人工，七分天成"。

即使如妇女的头饰，也讲究顺势而为之美。清代著名戏剧理论家李渔十分反感妇女戴"牡丹头""荷花头""钵盂头"之类的头饰，他觉得这些头饰怪模怪样，他倡导以假发做成云龙的样式。有人反驳他说："假发不是假的吗？人们都提倡去伪存真，你怎么教人作假呢？"李渔说："不若因势利导，使之渐近自然。"他认为，假发也是女人的头发，不妨借其顺着女人头上原有的头发，加以修饰，不是更美吗？

人工要造出自然之美，最好的办法也许就是"借"。

连中国功夫也讲究"借"，所谓借力打力，四两拨千斤，太极功夫就是典型代表。

因势利导的"基因分析"

中国文化本就有因势利导的基因。

天人合一、道法自然，是中国人最根本的文化观念。它强调，自然乃至万事万物的发展变化都有其内在规律，并不以人的意志为转移，我们不能违天逆道，不能揠苗助长。所以荀子说："天行有常，不为尧存，不为桀亡。"（《荀子·天论》）因势利导，是天人合一、道法自然的必然结论。

就中国文化的方法而言，除了道法自然，另一个重要的方法就是协调、圆融。儒道佛三家，都是协调的学问，或以中庸协调人际，或以道法自然协调天人，或以破除执、痴、嗔、贪，协调自我。协调就是非对抗性，就是辩证，就是顺势而为。

就文化的表现而言，中国文化是一种水样的柔性文化，柔就是顺，顺应自然，就是因势象形，随物赋形，就是行其所当行，止其所当止，就如风行水上，纹理自然，就是顺势而为。

从文化的发展路径而言，我们曾说，中国文化的发展路径是一种维新路径，中国文化在从原始感性走向理性的过程中，没有像西方那样采取革命的激进的执着的方式，没有完全抛弃原始感性，而是借原始感性生出了新的理性。在思维方式上，我们没有断然放弃原始具象另起抽象的炉灶，而是借具象的旧瓶装抽象的新酒，以具象的外壳包裹着抽象的内核。所以，中国知识分子骨子里是恋旧的，不喜欢革命，不喜欢突变，而欣赏改良，欣赏旧有基础上的渐进式的维新。这种渐进式的维新，就是顺势而为，而非另起炉灶。

 撷 英 掇 华

《 原典 》

魏与赵攻韩，韩告急于齐。齐使田忌[①]将而往，直走大梁[②]。魏将庞涓[③]闻之，去韩而归，齐军既已过而西矣。孙子[④]谓田忌曰："彼三晋之兵素悍勇而轻齐，齐号为怯，善战者因其势而利导之。兵法，百里而趣[⑤]利者蹶上将，五十里而趣利者军半至。使齐军入魏地为十万灶，明日为五万灶，又明日为三万灶。"

庞涓行三日，大喜，曰："我固知齐军怯，入吾地三日，士卒亡者过半矣。"乃弃其步军，与其轻锐倍日并行[⑥]逐之。孙子度其行，暮当至马陵。马陵道陕，而旁多阻隘，可伏兵，乃斫大树白而书之曰"庞涓死于此树之下"。于是令齐军善射者万弩，夹道而伏，期[⑦]曰："暮见火举而俱发。"庞涓果夜至斫木下，见白书，乃钻火烛之。读其书未毕，齐军万弩俱发，魏军大乱相失。庞涓自知智穷兵败，乃自刭，曰："遂

成竖子之名！"齐因乘胜尽破其军，虏魏太子申⑧以归。（《史记·孙子吴起列传》）

①田忌：齐国的宗室。②大梁：魏国都城。③庞涓：魏国名将。相传庞涓与孙膑一起在隐士鬼谷子门下学艺，因嫉妒孙膑的才能，设计把孙膑的膝盖骨挖去。④孙子：指孙膑。战国时期军事家，因受庞涓迫害遭受膑刑。⑤趣：同"趋"，追逐。⑥倍日并行：加倍赶路。⑦期：约定。⑧魏太子申：魏申，魏惠王太子。

文本大意 魏国与赵国联合攻打韩国，韩国向齐国求救。齐国派田忌领军前去救援，直奔大梁。魏将庞涓听到消息后，率军撤离韩国赶回魏国，但此时齐军已经越过边界向西挺进。孙膑对田忌说："那魏军向来凶悍勇猛，看不起齐兵，齐军有怯懦的名声。善于作战者，就要顺着事物发展的趋势加以引导。兵法上说，急行军百里再与敌人争利，有可能损失上将军，急行军五十里再与敌人争利，只有一半士兵能赶到。命令齐军进入魏国境内后先设十万个灶，过一天只设五万个灶，再过一天只设三万个灶。"

庞涓行军三天，非常高兴，说："我本来就知道齐军怯懦，进入我国境内三天，士兵已经逃跑一大半。"于是丢下步兵，只和轻装精锐的骑兵日夜兼程追击齐军。孙膑估计他的行程，天黑应当赶到马陵。马陵道路狭窄，两旁又多是峻隘险阻，可以埋伏军队，孙膑就叫人砍去树皮，露出白木，写上"庞涓死于此树之下"。然后命令一万名善于射箭的齐兵，隐伏在马陵道两旁，约定说："天黑看见点着的火就万箭齐发。"庞涓果然当晚赶到砍去树皮的大树下，见到白木上写着字，就点火照树干上的字。还没读完，齐军伏兵就万箭齐发。魏军大乱，失去照应。庞涓自知无计可施，败局已定，就拔剑自刎，临死前说："倒成就了这小子的名声！"齐军乘胜追击，把魏军彻底击溃，俘虏魏国太子申回国。

名言

◎为川者决之使导，为民者宣之使言。（西周·召穆公姬虎）

◎水因地而制流，兵因敌而制胜。故兵无常势，水无常形，能因敌变化而取胜者，谓之神。（春秋·孙武）

◎善战者因其势而利导之。（战国·孙膑）

◎热因寒用，寒因热用，塞因塞用，通因通用，必伏其所主，而先其所因。（《黄帝内经》）

◎因其轻而扬之，因其重而减之。（《黄帝内经》）

◎其高者因而越之；其下者引而竭之。（《黄帝内经》）

◎势来不可止，势去不可遏。（汉·蔡邕）

◎吾文如万斛泉源，不择地而出。在平地，滔滔汩汩（gǔ，水流状），虽一日千里无难。及其与山石曲折，随物赋形，而不可知也。所可知者，常行于所当行，常止于不可不止，如是而已矣！（宋·苏轼）

◎巧于因借，精在体宜。（明·计成）

◎笔锋落纸，势如破竹，分肌劈理，因势利导。（清·周星莲）

成语

◎因地制宜：根据当地的实际情况，制定适当的措施。

◎因材施教：针对学习者的不同的能力、性格、志趣施行不同的教育。

◎顺水推舟：比喻顺应趋势办事。

◎将计就计：利用对方所用的计策，反过来向对方使计策。

◎随机应变：根据情况灵活地应付事态的变化。

◎借力打力：借助对方的力道，顺势而为，形成自己的力量。

◎顺理成章：比喻某种情况合乎情理，自然产生某种结果。

第16课

韬光养晦：着眼长远与内涵的战略思想

韬光养晦，意思是掩藏锋芒，低调内敛，隐忍待时，潜心修养。这既是一种策略，更是一种修养。语出清代郑观应《盛世危言·自序》："自顾年老才庸，粗知《易》理，亦急拟独善潜修，韬光养晦。"

韬晦的故事实在太多

韩非子讲过一个"一鸣惊人"的故事。

春秋时，楚穆王逝世之后，其子熊旅即位，称为楚庄王。庄王即位后，日夜笙歌，纵情享乐，不问政事，每当大臣汇报政事，几乎一律回绝，任凭大臣办理。他主政三年，浑浑噩噩，没有任何作为，仅仅发过一道政令："有敢于进谏者，杀无赦。"完全是一个昏君。后来甚至发生叛乱，庄王被人挟持逃跑，幸得当地守将杀掉挟持者才得以逃回重新亲政，但即便逢此大难，也仍无悔改。

大夫伍举（伍子胥祖父）觉得这样实在太不像话，便冒死进谏。可进去一看，庄王左抱郑姬，右抱越女，歌吹鼓乐，玩兴正浓，见伍举进谏，极不高兴道："我不是有令进谏者斩吗？你怎么还敢进谏？"伍举情急生智，说："我并非前来进谏，只是有个谜语想让大王猜猜，以供一乐。"庄王一听有乐子，便说不妨说说看。伍举说："南边土丘有只鸟，在那里一停三年，不飞不鸣，默然无声，大家都不知道它的名字。请问这是只什么鸟？"

庄王沉默了一会儿说，那只鸟"三年不飞，飞将冲天；三年不鸣，鸣将惊人"。然后说："你下去吧，我明白你的意思了。"

原来，楚庄王即位时不到二十岁，国内矛盾重重，形势复杂，一些老奸巨猾的大臣虎视眈眈。庄王羽翼未丰，处境危险，只能以弱示人，暗中观察。等他对政局和各类人物有了基本了解后，便重用伍举等忠直之臣，大刀阔斧，兴利除弊，扩张势力，重视生产，发展经济，充实国力，最终饮马黄河，问鼎中原，成为春秋五霸之一。

这是典型的韬光养晦。

中国历史上，韬晦的例子实在太多，且个个经典。

越王勾践，卧薪尝胆，终于能报灭国之仇。

汉高祖刘邦率先攻入咸阳，却不入秦宫，而是"籍吏民，封府库"以待项羽；后被封汉王，进汉中，烧栈道，以示永不回归，终于麻痹项羽，夺得天下。

萧何眼见功臣被诛灭殆尽，便不断作践自己，故意腐败堕落，败坏名声，最终得以自保。

刘备种菜灌园，装糊涂，卖老实，终于躲过精明的曹操。

朱元璋采纳学士朱升的建议，"高筑墙，广积粮，缓称王"，一步步完成了统一中国的帝业。

在国际关系上，汉朝早期的和亲政策和唐代初期向突厥称臣纳贡十二年，都是为了韬光养晦。

韬光养晦的多重含义

上述例子可能会令人产生一种误解：韬光养晦似乎就是要弄权术，玩弄阴谋，中性点说，就是一种策略或计谋。的确，韬光养晦有策略与计谋的因素，但又绝不仅仅是策略或计谋。

"韬光养晦"简称"韬晦"。韬光养晦这一四字成语虽然晚出，但"韬光"和"养晦"两词分别很早就出现了。

"养晦"最早见于《诗经·周颂·酌》："于铄王师，遵养时晦。"原为颂扬周武王顺应时势，退守待时。

"韬光"一词最早出现在南朝梁太子萧统的《靖节先生集·序》："圣人韬光，贤人遁世。"《晋书·皇甫谧传》中有"韬光逐薮，含章未曜"之说。北齐刘昼著《刘子新论》，其中第四章就叫《韬光》，认为"能韬隐其质，故致全性也"，"物之寓世，未尝不韬形灭影，隐质遐外，以全性栖命者也"。韬，是盛刀剑的皮套。"韬光"就是将刀剑藏入套中，收敛光芒，使不外露。

清代启蒙思想家郑观应在其《盛世危言·自序》中第一次将"韬光""养晦"组合成四字短语："自顾年老才庸，粗知《易》理，亦急拟独善潜修，韬光养晦。"

从上述简单的梳理可以看出，韬光养晦应有三重含义：

一是藏，退隐以自保，如萧统说陶渊明的退隐。刘昼《刘子新论》中也主要是这个意思。

二是待时而动，忍辱负重。《诗经》中对周武王的颂扬就是这重意思。后来，中国文化史上还有一句很有名的话叫"将以有为"。唐朝安史之乱中，睢阳守将张巡部下南霁云城陷被俘，守将张巡高声呼喊南霁云："南八（即南霁云），男儿死耳，不可为不义屈！"要他千万不能屈服，这时南霁云笑着说："欲将以有为也；公有言，云敢不死！"（我本来打算忍辱负重，既然您说不可屈服，我怎么敢忍辱偷生）后来，文天祥在《指南录后序》中也用到了这句话："予分当引决，然而隐忍以行。昔人云：'将以有为也'。"

三是养，即自我修养，修身养性，注重内涵发展。郑观应的"韬光养晦"就应该是这重意思。他说自己年老才庸，说要韬光养晦，当然不是用计谋以自保之类，更不是玩阴谋以图东山再起之类，而应该是独善其身、修身养性的意思。

在韬光养晦的三重含义中，"藏"是迫不得已，是实力不对等情况下的策略，待时而动是目的，而"养"才应该是核心所在。我们平时生活中提到的"韬光养晦"可能更多侧重在"藏"或"忍辱负重"，其实我们更应看到其重"养"的文化价值。

中国文化的战略眼光

中国文化本质上不是一种阴谋文化，它是一种智慧，但恰恰在"韬光养晦"上，表现出中国文化的双重智慧——一是策略，这是表层智慧；二是涵养、内养，这才是根本智慧。

中国文化不属于技术性文化，而是一种策略性文化。韬光养晦是一种夹缝中求生存的策略，是一种应对恶劣境遇的策略，是一种在敌强我弱的情况下求喘息、求生存、求发展，最终反败为胜的策略。也是一种强者、胜者戒骄戒躁、自我警惕的策略。这是一种着眼于长远的战略思想。

这种策略在《周易》里就表现出来了。

《周易》的首卦《乾》卦，七条爻辞，有四条指向韬光养晦："初九：潜龙，勿用。"龙初生之时，羽翼未丰，切勿张扬，要潜伏待时。九三爻辞："君子终日乾乾，夕惕若厉，无咎。""乾乾"，勤勉的意思；"惕若"，谨慎小心的样子。整日谨慎小心，当然就不可能那么张扬，就是韬光；终日勤勉，就是养晦。"九四：或跃在渊，无咎。""或跃在渊"是"或跃或在渊"的省略说法，是在提醒要适时进退，该进则进，看准时机；该退则退，不可冒进。"上九：亢龙，有悔。"处在极高处，锋芒太露，那很危险。整个《乾》卦，描写的就是中国龙韬光养晦终至于能"飞龙在天"、大展宏图的过程，而其重点、其主体，不在大展宏图，而在韬光养晦。

不仅《乾》卦，第二卦《坤》卦也有这样的意思。

《坤》卦第一爻："履霜，坚冰至。"已经踩着霜了，紧接着将是冰封大地，严寒逼人，该怎么办，不是不言而喻了吗?《坤》卦第四爻："括囊，无咎，无誉。"赶快扎进口袋吧，那样虽然没有美誉，也不至于有灾祸。也是要韬光养晦。所以在第三爻，它说："含章可贞。"含蕴文采，占问是吉利的。培育了美德，含而不露，所以吉利。

六十四卦中，还专门有一卦叫"明夷"。其卦象是代表大地的《坤》卦在上，而代表太阳的《离》卦在下，象征着太阳没入大地，光明受到遮蔽，处境艰难。《易传·象辞》解说道："内文明而外柔顺，以蒙大难，文王以之。"在内具有文明之德，对外表现得很柔顺，以这样的策略去承受大难，周文王就是这方面的典范。当年周文王被商纣王囚禁在羑里，他没逞匹夫之勇，盲目抗衡，而是心怀文明之德，表面柔顺承受，终于安全逃回西岐，敬德保民，发展生产，使得各路诸侯纷纷归顺，为其子周武王灭纣、建立大周奠定了基础。接下来《象辞》明确指出要"晦其明也",就是隐藏智慧。

《周易·象辞》说:"君子以莅众,用晦而明。"提醒君子应该从《明夷》卦得到这样的启示:治理民众时,表面隐藏不露,内心却要明察秋毫。就是说,君子要善于隐忍,收敛锋芒,待机而动。

《周易》是十分重视韬光养晦的。我们在《达观圆融》一章中指出,整部《周易》表现的就是对未来的不确定性的隐忧,以《周易》为代表的中国文化就是一种忧患文化,就是在研究如何面对未来的不确定性,如何应对恶劣的处境,如何在敌强我弱的情况下求喘息、求生存、求发展,整个中国文化都是反对冒进、重视韬晦的。

老子贵柔,他有个重要的观点叫"和光同尘"。《老子》第四章和第五十六章几乎完全重复:"塞其兑,闭其门,挫其锐,解其分,和其光,同其尘,是谓玄同。"堵塞嗜欲之门,锉钝自身锋锐,消解内心纷扰,收敛自我光芒,混同尘世。他认为这就是与尘世浑然齐同的奇妙境界。这不就是大自然生存竞争中动植物的保护色吗?可见"和光同尘"几乎是韬光养晦的同义语。

老子全篇充满着"曲则全,枉则直"的思想,这是典型的委曲求全;认为"不自见,故明;不自是,故彰,不自伐,故有功;不自矜,故长。夫唯不争,故天下莫能与之争","企者不立;跨者不行;自见者不明;自是者不彰;自伐者无功;自矜者不长"。他认为踮脚尖站不稳,迈大步走不远,于是反对自我表现、自我夸耀,反对争先恐后。认为"勇于敢则杀,勇于不敢则活",于是提倡大巧若拙,大智若愚,大象无形,大音希声。

有趣的是,佛教也提出了"和光同尘",《摩诃止观》道:"和光同尘,结缘之始。"《大般涅槃经》提出"与共和光不同其尘",是说菩萨为达到普度众生的目的而隐藏本身的智能德性,与污浊如尘埃的众生一起,出现于人世,虽然与众生和合齐同,却又能保持自身智慧德性,就是"'入'污泥而不染"。

孔子明确反对逞匹夫之勇,他说:"暴虎冯河,死而无悔者,吾不与也。必也临事而惧,好谋而成者也。"主张"用之则行,舍之则藏"

（《论语·述而》），认为"小不忍则乱大谋"（《论语·卫灵公》）。

当然，兵家更是如此。《孙子兵法》说，"兵者，诡道也。故能而示之不能，用而示之不用"，"攻其无备，出其不意"。孙子认为，"形兵之极，至于无形。无形，则深间不能窥，智者不能谋"。无形，就是完全隐藏自我。

明代状元杨慎被称为明代三大才子之首，年轻时为官，刚直气盛，险些惹下杀身之祸，后来发奋研究韬晦之术，得以颐养天年，所著《韬晦术》对后世影响颇大。书中说："古之圣人将有为也，必先处晦而观明，处静而观动，则万物之情，毕陈于前。夫藏木于林，人皆视而不见，何则？以其与众同也。藏人于群，而令其与众同，人亦将视而不见，其理一也。木秀于林，风必摧之；人拔乎众，祸必及之，此古今不变之理也。是故德高者愈益偃伏，才俊者尤忌表露，可以藏身远祸也。"

中国民间有"枪打出头鸟"之说，成语有"明修栈道，暗度陈仓"，《菜根谭》中有"地低成海，人低成王"的名言，李嘉诚有"树大招风，低调做人"的家训。

可以说，韬光养晦的策略是一种基于忧患意识的策略，体现了中国文化忍辱负重、委曲求全、贵柔坚韧、低调谦逊的特点，它昭示着一种沉着的存在，一种老练的智慧。

当然，真正韬光养晦的策略还是要以中和为标准，明代礼部尚书徐学谟说："谦，美德也，过谦者多怀诈；默，懿行也，过默者或藏奸。"过分韬晦，就是奸谋了。

韬晦的本质是内涵式发展

"韬光养晦"所表现出的中国智慧，从表层看是一种生存自保的策略，从深层看，更是一种内涵式发展的根本思想。"韬光养晦"的核心是指向"养"的。从字面上讲,"韬光养晦"是韬其光而养于晦,就是潜心修养,默默发展,强大自我。

前举《乾》卦对龙的韬光养晦的描绘,其表现虽然是"潜",潜龙勿用,或跃或潜在那里,实际上是在"养",所以"君子终日乾乾,夕惕若厉"。在《坤》卦里,强调的是"含章可贞",只有内蕴文采,才是吉利的。

《周易》中有《谦》卦,卦辞说:"谦,亨,君子有终。"因为谦逊,所以亨通,所以君子是有好结果的。而《周易·象传》在解释《谦》卦的时候,有一句话叫作"谦谦君子,卑以自牧",就是强调以谦卑的态度来自我修养。

养,正是中国文化的特点,重视自我修养,重视内在修为,重视内涵式发展,这才是韬光养晦的关键,也是中国智慧的根本。

当我们说中国文化是一种伦理型文化的时候,其中就已经含有这样的意思了。我们所列的五十四个文化观念,如知行合一、格物致知、仁者爱人、明心见性、家国情怀、内圣外王、礼乐治国、自强不息、厚德载物、修齐治平、孝悌忠信、慎思明辨、民胞物与、独善兼济、清静无为、返璞归真、有容乃大、达观圆融、刚柔并济、博观约取、文质彬彬、温柔敦厚,等等,都指向一个"养"字。

中国文化是贵柔、贵和、贵静、贵虚,是非进攻性文化,是退养性文化,谦逊型文化,是重内涵发展的文化,是重根的文化,而这"根",就是所谓道。而国人心中至高无上的道,却恰恰是若有若无、虚虚实实的"韬光养晦"。

儒道佛三家,都是关于"养"的学问,而这"养"重点又都指向心,于是就有了集三家之大成的"心学"。从明代起,中国皇宫就有了"养心殿"。

中国艺术一开始还比较重视外在的艺术技巧,重视工匠精神,但从南北朝开始尤其到赵宋王朝,以文人画为代表的中国艺术,就特别重视艺术家内在的文化修养了,中国艺术走上了重素养而轻技艺,重意蕴而轻工巧的道路。中医则重养轻治,所谓上医治未病,讲究培元固本，培正养气，修身养性。中国武学讲究内外兼修，重神轻形，重道轻技。中国学术讲究博观约取，厚积薄发，乃至述而不作。

中国文化鄙视张扬炒作，认为酒好不怕巷子深，重视的是潜心酿好酒，无须打广告。就像荀子在《劝学》中说的："声无小而不闻，行无隐而不形。玉在山而草木润，渊生珠而崖不枯。为善不积邪？安有不闻者乎？"或者如刘禹锡说的："山不在高，有仙则名；水不在深，有龙则灵。斯是陋室，惟吾德馨。"只要潜心自修，积善成德，是金子总会发光。

中国人的审美趣味也是含蓄温婉的，传统的笑是"巧笑"，传统的爱情表达是"脉脉传情"。

中国有"君子比德于玉"的传统。西方人钟情钻石、宝石，钻石之类，有硬度而缺韧性，闪亮耀眼而缺温润，显示的是刚硬张扬的个性。东方之玉，则是润泽而不耀眼、坚韧而不张扬。玉，正是韬晦的典型。宋代诗人刘过就曾以《韬玉》为题这样描写玉："至宝不自献，韬藏亦英华。余香被草木，秀擢幽岩花。"

 撷 英 掇 华

◁ 原典 ▷

《韬晦术》[①]论韬晦

东坡曰："古之圣人将有为也，必先处晦而观明，处静而观动，则万物之情，毕陈于前。"夫藏木于林，人皆视而不见，何则？以其与众同也。藏人于群，而令其与众同，人亦将视而不见，其理一也。木秀[②]于林，风必摧之；人拔[③]乎众，祸必及之，此古今不变之理也。

是故德高者愈益偃[④]伏，才俊者尤忌表露，可以藏身远祸也。荣利之患于人大矣，其所难居。上焉者守之以道，虽处亢龙之势而无悔⑤。中焉者，守之以礼，战战兢兢，如履薄冰，仅保无过而已。下焉者率性而行，不诛即废，鲜有能保其身者。人皆知富贵为荣，却不知富贵如霜刀；人皆知贫贱为辱，却不知贫贱乃养身之德。倘知贫贱之德，诵之不辍，始可履富贵之地矣。（《韬晦术·隐晦卷一》）

①《韬晦术》：作者杨慎，字用修，号升庵，明代正德年间状元，被称为明代三大才子之首。他年轻时为官，险酿杀身之祸，后潜心研究韬晦之术，得以颐养天年，著成《韬晦术》流传后世。②秀：特异，突出。③拔：超出，高出。④僵：倒下。⑤虽处亢龙之势而无悔：亢龙有悔，语出《周易·乾卦》："上九，亢龙有悔。"原句意为龙飞到了过高的地方，必将有不利。

文本大意 苏轼说："古代圣人将要有所作为时，一定会先躲在暗处观察明处其他人的行动，自己保持静默从而仔细观察外界的情况。这样外界的一切情形就都会真实地展现在自己眼前了。"把一棵树藏到树林里，人们就会视而不见，这是为什么呢？因为它和别的树没有什么区别。把一个人藏到人群里，让他和周围的人没有区别，人们也将视而不见，道理是一样的。一棵树高出树林，大风就必然把它吹折；一个人鹤立鸡群，灾祸也必然会降临。这是从古至今永恒不变的道理。

所以德高望重的人往往谦卑谨慎、深居简出，才能出众的人特别忌讳自我夸耀。这样才可以保护自身，远离祸患。荣华利禄对人的诱惑力太大了，但荣利却是最难保住的。最上一等的，以自己完美的德行守住自己的荣华利禄，即使处在最高之位却也能安然无恙。才能中等的，以礼义自我约束，整日战战兢兢，如履薄冰，这样也仅能保持没有过错而已。最差一等的，随心所欲，放纵自我，胡作非为，不被杀死也要被废弃，很少有能保全身家性命的。人们往往只知道身处富贵荣耀非常，却不知道富贵如同霜刀利刃。人们往往只知道贫贱是一种耻辱，却不知道轻度的贫穷是养身立志的土壤。如果知道贫贱的好处，并且牢记不忘，这样的人才可以身处富贵之地。

名言

◎不自见，故明；不自是，故彰，不自伐（自夸），故有功；不自矜（自大），故长。夫唯不争，故天下莫能与之争。（春秋·老子）

◎企者不立；跨者不行；自见者不明；自是者不彰；自伐者无功；自矜者不长。（春秋·老子）

◎勇于敢则杀，勇于不敢则活。（春秋·老子）

◎小不忍则乱大谋。（春秋·孔子）

◎兵者，诡道也。故能而示之不能，用而示之不用。（春秋·孙武）

◎君子藏器于身，待时而动。（《周易》）

◎胜败兵家事不期，包羞忍耻是男儿。江东子弟多才俊，卷土重来未可知。（唐·杜牧）

◎高筑墙，广积粮，缓称王。（明·朱升）

◎不鸣则已，一鸣惊人（俗语）

◎地低成海，人低成王（俗语）

◎木秀于林，风必摧之（俗语）

成语

◎遵时养晦：顺应时势，退守待时，暗中休养。后指暂时隐居，等待时机。

◎潜龙勿用：《周易》第一卦《乾》卦的爻辞。比喻事物在发展之初，虽然势头较好，但比较弱小，所以应该小心谨慎，不可轻举妄动。

◎和光同尘：指不露锋芒，混同于尘世，与世无争。

◎卧薪尝胆：越王勾践为报仇而卧薪柴尝苦胆。比喻忍辱负重，发愤图强。

◎忍辱负重：为了完成艰巨的任务，忍受暂时的屈辱。

◎大智若愚：真正有才智的人表面上显得愚笨，不会去卖弄。

◎暴虎冯河：徒手博虎，徒步过河。比喻有勇无谋，鲁莽冒险。

第 17 课

达观圆融：从忧患走向乐观的无上心法

"达观"一词出自《尚书·召诰》："周公朝至于洛，则达观于新邑营。"本指全部观察一遍，后引申指心胸开朗，见解通达。圆融：原为佛教用语，语出署名南朝高僧慧思所著《大乘止观法门》论"自性圆融"及"圆融无碍法界法门"。本指破除偏执，圆满融通。后引申指为人做事灵活变通，不固执己见。

苏轼之达

说起达观，人们首先会想到苏轼。

苏轼一生才华横溢，却受小人之诬，深陷"乌台诗案"，从黄州到惠州、儋州，一路贬谪，但他东坡种菜，慢火炖肉，蜜橘酿酒，设帐授徒，一蓑烟雨，吟啸徐行。晚年终于遇赦北还，游览金山寺，见寺中自己的坐像仍在，不禁百感交集，挥毫写下《自题金山画像》："心似已灰之木，身如不系之舟。问汝平生功业，黄州惠州儋州。"这就是苏轼，虽被一贬再贬，却以贬谪之地作为平生功业所在。

另一则逸事尤能说明苏轼的达观。

苏轼被贬黄州，名为团练副使，实为戴罪之身。一次他与酒友诗朋泛舟江上，夜半酒酣，舟中酒友东倒西歪，苏轼乘醉返回住地临皋，但家童闭门，久叩不开，只得又折回舟中。正值夜阑风静，一时诗兴大发，便写下《临江仙·夜归临皋》："夜饮东坡醉复醒，归来仿佛三更。家童鼻息已雷鸣。敲门都不应，倚杖听江声。长恨此身非我有，何时忘却营营？夜阑风静縠（hú）纹平。小舟从此逝，江海寄余生。"本想与诗友分享，无奈众皆沉醉，便丢下诗歌，下船而去。

酒友醒来，见诗不见人，以为一代文豪投江而逝，慌忙报与太守。太守一听，他们奉命监视的罪臣投江而逝，那还了得，立即驱车来寻，却见江边草丛中苏轼恬然酣睡。这，就是达观的苏轼。的确，苏轼一生以儒为政，以道养生，以释宽怀，堪称达观的典范。

其实，达观者，何止苏轼？中国文化本就有达观的基因。林语堂在《人生的盛宴》中说："观测了中国的文学和哲学之后，我得到一个结论：中国文化的最高理想人物，是一个对人生有一种建于明慧悟性上的达观者。"

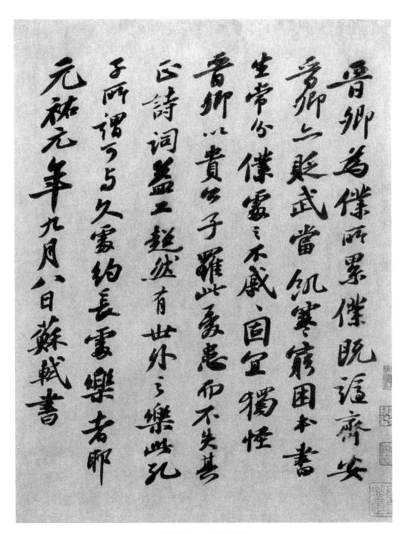

苏轼题王诜诗跋页

忧乐之辩

关于中国文化，近几十年兴起了一场忧乐之辩。港台新儒家徐复观先生认为中国文化的深层特质是"忧患意识"，这一观点后经牟宗三等阐发，产生了很大影响。1985年，李泽厚先生在《试谈中国智慧》中则谓中国文化属于"乐感文化"，同样影响不小。两者似乎针锋相对，又似乎都有道理。

的确，中国文化深怀隐忧。作为古代群经之首的《周易》，就充满忧患意识。《周易》起于"卜"，"卜"就是因为对未来的担忧。《系辞传下》说："作《易》者，其有忧患乎？"程颐说："圣人之忧天下来世，其至矣。"八卦的每一卦都在讲忧患；《周易》全书，在在显示出深沉的忧患意识。像六十四卦之首的《乾》卦，虽其卦辞"元亨利贞"非常吉利，但其爻辞描写龙的曲折成长，总在强调危机。《乾》卦卦名"乾"字，从乙，倝（gàn）声，"乙"是其形符，像植物屈曲生长之形，"乾"就是曲折生长之意，卦名即具隐忧。

司马迁说："文王拘而演《周易》；仲尼厄而作《春秋》；屈原放逐，乃赋《离骚》；左丘失明，厥有《国语》；孙子膑脚，《兵法》修列；不韦迁蜀，世传《吕览》；韩非囚秦，《说难》《孤愤》；《诗》三百篇，大抵圣贤发愤之所为作也。"在太史公看来，中国典籍都起于忧患。

像先秦诸子，孔子处于"乱臣贼子""犯上作乱"的时代，一生忧心忡忡，于己忧"德之不修，学之不讲，闻义不能徙，不善不能改"；于人忧"未见好德者如好色者"及"知德者鲜矣"；于世忧"文王既没，文不在兹乎？天之将丧斯文也"，慨然以"克己复礼"为己任。孟子更提出"生于忧患，死于安乐"，提出"君子有终身之忧"。墨子的"兼爱、非攻、尚贤、尚同、节用、节葬、非命、非乐"，都是基于深忧的，而墨者们"赴火蹈刃，死不旋踵"，更是将忧患意识落实到了具体行动上。

老庄看似逍遥，实则忧患更深。老子以忧患之眼观世界，"不尚贤，使民不争；不贵难得之货，使民不盗；不见可欲，使民心不乱"，"五色令人目盲，五音令人耳聋，五味令人口爽，驰骋田猎令人心发狂，难得之货令人行妨"，"绝圣弃智，绝伪弃诈，绝巧弃利，绝学无忧"。庄子睥睨权贵，笑傲王公，正是忧患至极。士子们"生年不满百，常怀千岁忧"（汉乐府），"居庙堂之高则忧其民，处江湖之远则忧其君，是进亦忧，退亦忧"（范仲淹）。

但中国文化又是极不崇尚悲观的，"君子坦荡荡，小人长戚戚"，悲观是小人心态。叶朗先生说，"从麦积山佛像、青州佛像的微笑中，可以看到无论顺境还是逆境，中国人都能保持一种乐观、从容的气度，充满对生活的信心"。

生活中悲剧太多，但中国读者与观众却总排斥悲剧。王国维在其《红楼梦评论》中说："吾国人之精神，世间的也，乐天的也，故代表其精神之戏曲小说，无往而不著此乐天之色彩，始于悲者终于欢，始于离者终于合，始于困者终于亨，非是而欲餍阅者之心，难矣！"

唯《红楼梦》和《桃花扇》可算彻头彻尾的悲剧。可人们觉得太悲，希望大团圆，于是就有了《红楼复梦》《补红楼梦》《续红楼梦》，甚至反《红楼梦》的《儿女英雄传》，于是就有了《南桃花扇》，总要来个喜剧式的结局。《孔雀东南飞》与《梁山伯与祝英台》实在无法由悲转喜，便借灵魂帮忙，来个"化鸟"或"化蝶"。结婚生子，当然是喜事，可办丧事竟然也叫喜事，不过前者为红，后者为白而已。

往更深的文化层面走，更能证明这一点。

当我们说《周易》充满忧患意识时，并不排斥《周易》在本质上倾向乐观。据学者统计，《周易》卦辞没有纯粹的凶性断语，倒是有纯粹的吉卦六卦，六十四卦有五十四卦倾向吉利。而爻辞同样是吉多凶少，爻辞的吉凶转化，凶转吉者远多于吉转凶。

这充分表现出《周易》对事物发展变化趋势的乐观与自信。在作《易》者看来，"乐天知命，故不忧"，"穷则变，变则通，通则久。是以自天佑之，吉无不利"，"待时而动，何不利之有？"（《周易·系辞》）"乾"字是曲折生长的意思，在解释上，可从偏曲折的消极角度讲，也可从偏生长的积极角度讲，《易传》的作者则取顽强生长之意将其解释为"健"，所谓"天行健，君子以自强不息"，明显偏向于乐观了。

儒家有所谓孔颜之乐，孔子"发愤忘食、乐而忘忧、诲人不倦，不知老之将至"。《论语》开篇有三乐："学而时习之，不亦说乎？有朋自远方来，不亦乐乎？人不知而不愠，不亦君子乎？"《述而》说："饭疏食饮水，曲肱而枕之，乐亦在其中矣。"孔子提倡"安土乐天"，"不能安土，不能乐天；不能乐天，不能成其身"（《礼记·哀公问》）。孟子则更是有"当今之世舍我其谁"的乐观与自信。儒家相信，"仁者不忧"，"苟日新，日日新，又日新"（《大学》）。

道家虽然对现实极度不满，但绝不主张悲悲戚戚，他们是有条件的乐观派。老子认为，只要静心寡欲、返璞归真，前途还是不错的，所谓"为无为，则无不治"，做到无为，天下就能大治，多么乐观。在庄子看来，"古之得道者，穷亦乐，通亦乐"，所以他批评儒家"彼仁人何其多忧也"。

东西方都追求超脱生死，但西方的超脱是指向天堂，指向另一世界，其今生只是赎罪，因为此岸无法获得幸福与永恒，于是他们追求彼岸，将精神寄托于上帝和神灵。西方是此岸悲观论者。但我们认为，此岸同样可以获得超越。《左传·襄公二十四年》记载："古人有言曰，'"死而不朽"，何谓也？'……'豹闻之，"太上有立德，其次有立功，其次有立言"，虽久不废，此之谓三不朽。'"肉体生命有限，但是立德立功立言却可以不朽，可以在此岸超越现实的有限性。

更有意思的是佛教。佛教分大小乘，小乘偏悲观，认为修行只能度己，不能度人，人不可能成佛，顶多修至罗汉境界，解脱自我。而大乘佛教则认为修行既可度己也可度人，甚至主要在度人。因为人人本具佛性，只是被诱惑所迷，经过修行，即可成佛。于是，它主张普度众生，强调圆融、慈悲、方便。

小乘佛教传入中国，至魏晋南北朝便衰落，而大乘佛教却在中国取得辉煌成就，并最终形成禅宗这样高度中国化的佛教，隋唐时中国甚至取代印度成为世界佛教的中心。禅宗的基本精神就是明心见性，强调"万法唯心""唯我独尊"，不信宿命，充分肯定人的存在价值和主体地位，认为命运并不决定于超验的命运之神，而是决定于自身，见性即可成佛，幸福全在我心。"春有百花秋有月，夏有凉风冬有雪，若无闲事挂心头，便是人间好时节"。四季皆美景，天天好日子，只要心放下，何来悲与忧？

忧吧？乐吧？这就是中国文化忧乐精神的二律背反。

第三条路

以上分析可见，"忧"与"乐"都不足以概括中国文化，忧乐之间还有第三、第四个概念，那就是"达观"与"圆融"。

先说达观。

中国文化忧患而不悲观，乐观而不盲目；忧而不失望，乐而不忘形；忧中有乐，乐不忘忧，所谓哀而不伤，居安思危。正如《周易·系辞下》所说："是故君子安而不忘危，存而不忘亡，治而不忘乱，是以身安而国家可保也。"

所谓达观，就是能通览全局，系统思考，对人生境遇、事物规律有通盘领悟，因而能放开怀抱，不为一时失得、穷通与忧乐左右，能于穷中见达，于乐中见忧。一句话：活得明白。颜回"一箪食，一瓢饮，在陋巷，人不堪其忧，回也不改其乐"；妻子亡故，庄子却箕踞鼓盆而歌。因为富与贵，纯粹身外之物；生与死，原是自然现象。何必那么在意？何苦那么悲伤？人生不如意事常八九，生命中有太多的痛苦、曲折和不确定性，佛曰"苦海无边"，道曰"人生如梦"。但天地变化，万物荣枯，人事盛衰，自然之理，谁能逆转？何苦那么纠结？何不摒弃杂念，放空心灵，放开胸怀，发现自己的真心，见到自己的真性。

乐天知命，不是盲目乐观，乐的前提是"知命"，"知命"而乐，就是达观。所以，宋代理学家程颐、程颢说："乐天知命吾何忧？穷理尽性吾何疑？"(《二程集》)王阳明认为"乐是心之本体"，但乐有前提："须是大哭一番了方乐，不哭便不乐矣。虽哭，此心安处，即是乐也，本体未尝有动。"由哭到乐，是对生命的体认。诗云"如临深渊，如履薄冰"，"如"是居安思危；一旦真临深渊，反而临危不惧，履险如夷，恰如孔子厄于陈蔡而弦歌不绝。

达观，也透出几许无奈。既然人生是苦海，悲悲戚戚是过，快快乐乐是过，何不苦中作乐？人生几何，何不对酒当歌？所以陶渊明说："寓形宇内复几时？曷不委心任去留？胡为乎遑遑欲何之？富贵非吾愿，帝乡不可期。怀良辰以孤往，或植杖而耘耔。登东皋以舒啸，临清流而赋诗。聊乘化以归尽，乐夫天命复奚疑！"

苏轼的《赤壁赋》是对达观文化的最好诠释。苏轼以水月之乐与饮酒之乐开篇，以人生短暂、功业未成之忧相继，将人生忧乐背反的难题呈现于读者，最后以人生、天地变化与永恒的相对性来调解二者的矛盾，最终走向达观："盖将自其变者而观之，则天地曾不能以一瞬；自其不变者而观之，则物与我皆无尽也，而又何羡乎！"达观就是明白"人生原来如此""世界原来如此"的道理。《赤壁赋》堪称理解中国文化忧乐背反与达观圆融的最佳窗口。

无上智慧

悲观是此岸无望求彼岸，达观是此岸不平但总能消解。但办法是什么？达观只是意识，还不是方法，真要由忧转乐，方法便是"圆融"。

圆融是不偏执、不痴顽，是灵活变通，是学会调节，学会消解矛盾。

人在自然面前如此渺小，与天斗，与地斗，人能胜天吗？既然不能胜，何不与天握手言和？便有天人合一。既然打不过，那就向它学习，便有道法自然。我们追求天人相通、互动和谐的境界，追求人与自然的和谐共处，就是圆融。

　　如果你执着于人生的苦，那就只有死路一条；明显此路不通，干吗不改弦易辙？双方各执己见，何不各让三分？当年张英家人与邻争地，张英回信说："千里家书只为墙，让他三尺又何妨；万里长城今犹在，不见当年秦始皇。"圆融的前提是达观，是明白了人生的道理。拥有万里长城这样家业的秦始皇不也早已归为尘土了吗？又何必为蝇头小利争个你死我活呢？明白此理，就是达观；各让三尺，则是圆融。

　　圆融就是协调。中国智慧是非对抗性智慧，是协调的智慧。儒道佛三家，都是协调的学问，都以"圆融"为至境。儒家讲中庸，协调人际；道家讲自然，协调天人；佛家破执、痴、嗔、贪，协调自我，所以才有苏轼的以儒为政，以道养生，以释宽怀。天人合一是协调，辩证思维是协调，和而不同是协调，阴阳平衡、有容乃大、系统思维，都是协调，是圆融。"圆融之境"可谓中国智慧最重要的特征。

　　在国人看来，既然改变不了世界，改变不了环境，改变不了他人，改变不了对象，那就改变自我。而改变自我也有两种方式，一种是调整行为，和而不同，礼让三分。一种是调整心态，于是中国主流文化的儒道佛三家都将重点放在"心"上：儒家讲尽人事而听天命，讲安贫乐道，讲发愤忘食，乐以忘忧。明代宋濂说："六经皆心学也。"道家说"知足不辱，知止不殆，可以长久"；合乎道，就能"没身不殆"；乐天知命，安时处顺，便可无尤；顺自然，齐万物，一死生，泯是非，等美恶，便可逍遥。禅宗认为，"不是风动，不是幡动，仁者心动"；"菩提只向心觅，何劳向外求玄"；不如看破，放下，求得自在。

　　最终，三家合一发展出了一门新的哲学——"心学"。所以，我们追求乐天知命，安贫乐道，知足常乐，难得糊涂，小富即安，小国寡民。

　　东西方都讲求真，但西方求的是对客体的无限认知，是打破砂锅问到底，是吾爱吾师，吾更爱真理。我们的求真是求现象与本质的吻合，是主体对客体的适应，是儒家孝悌忠信的"信"，是道家返璞归真的"真"。我们不深究，不较真，不刨根究底；重真情真性，不重真理真相；重人际，不认死理；重情义，不重原则；安于模糊，不求精确。

中西方都有忧患意识，但我们能圆，能达，我们能化过来，转忧为乐。达观圆融是基于忧患意识的化解，是达观而不看破、圆融而不圆滑。西方人不圆，不达，其忧患与悲剧意识化不开，于是其悲剧悲彻骨，源于人性，深入骨髓，是内在的，性格的，永恒的，难于破解；中国悲剧却能转悲为喜，源于社会不公，是暂时的，外在的，社会的，条件一变，便可化解。

圆融探秘

国人钟情于"达观圆融"，有其深层原因。

其一，稳定封闭的地理环境。
中国文化长于内陆，东南大海，西部高山，北部大漠，形成了一个农耕社会的封闭圈。一方面，内陆面积辽阔，比两河流域、尼罗河和印度河流域的总面积还要大，而且基本形成整体，资源相对丰富；地处热带、亚热带、暖温带、中温带和寒温带五个温度带，具备农业经济多样发展的地理基础，生产生活条件相对稳定，这有利于形成达观心态；另一方面，由于封闭，难以向外寻找出路，较少神秘的未知领域，遇到问题，很多时候只能自我协调，难以寻找外部帮助，这样便有利于形成以自我协调为核心的圆融观念。

其二，文化发展的维新路径。
我们在讨论"家国情怀"和"仁者爱人"时，曾分析过中国文化的维新路径。中国文化在从原始感性走向理性的过程中，没有像西方那样完全抛弃原始感性，采取革命的、激进的、执着的方式，而是走了一条温和、调和的维新路径，中国文化一开始就具有圆融特征。

其三，具象抽象的思维特征。

我们在讨论"立象尽意"时，曾指出："在用理性精神来告别神话时代、审视现实世界时，我们没有抛弃借形象以领悟世界真谛的方式，而是将理性与形象结合，以形悟理，以形示理。"这种思维方式本身以具象的外壳包裹着抽象的内核，必须将具象与抽象进行有机协调，所以，国人的思维方式，就是具象与抽象的圆融。

其四，中国文化的圆形崇拜。

圆形崇拜是各国文化的共同现象，但国人尤甚。我们祖先对圆的研究每每领先于世界。墨子关于圆的定义"一中同长"（有一个圆心，圆心到圆周的半径相等），比古希腊欧几里得早一百年。祖冲之最早求得圆周率七位小数精确值，比德国人鄂图和安托尼兹早了近一千年。

国人具有浓厚的圆形情结。清代张英曾说："盖禀天之性者，无一不具天之体；万物做到极精妙处，无有不圆者。圣人之德，古今之至文法帖，以至一艺一术，必极圆而后登峰造极。"（《聪训斋语·会心篇》）

清代康熙皇帝归纳总结中国几千年的治国理念，得出"圆明"二字，并以此作为"圆明园"之名。雍正曾这样解释"圆明"二字："夫圆而入神，君子之时中也；明而普照，达人之睿智也。"（《御制圆明园记》）雍正皇帝还自号"圆明居士"。

中国文化理论，在在体现圆形崇拜。自南朝谢朓以"圆美流转如弹丸"作为好诗的标准，文人便多以"圆"论诗。刘勰是"圆形"诗论的重要倡导者，他说，构思与创作要"思转自圆"，要"圆通""圆览"，结构要"首尾圆合"，等等。宋元时期强调"清圆""圆熟""圆活"，"圆形"诗文论达到高峰。八大家之一的苏辙就曾说过："余少作文，要使心如旋状。大事大圆成，小事小圆转，每句如珠圆。"

中国哲学的太极双鱼图，外圈是圆，双鱼的S线是圆，双鱼之眼还是圆。其圆转流动，既是对中国哲学的高度概括，也是对圆融观念的形象表达。

中国戏曲的"唱念做打"，全在一个"圆"字。唱腔念白要求珠圆玉润，音色圆美，平仄押韵重视周而复始，所谓"嘶字如嘶兔，每字圆如珠"。"做"与"打"要求圆起、圆行、圆止。欧阳予倩说："京戏的全部舞蹈动作可以说无一不是圆的，昆曲也是这样。"（《一得余抄》）

中国舞蹈就是"画圆艺术"，讲究"三圆""两圈"，即"平圆""立圆""8字圆""大圈套小圈"；讲究势势求圆，圆中有曲，曲合成圆，圆游回转，绕圆走转。

太极拳也是一种圆形功夫，其一招一式均离不开圆，在动作外形上有手圈、肘圈、肩圈、胸圈、腹圈、胯圈、膝圈、足圈，无论身法、步法、手法，都是走弧形、画圆圈，绝不直往直来。而在体内则是气流流注旋转，一气呵成，圆满而就。

其五，多重观念的交互影响。

我们讨论的许多文化观念，诸如天人合一、和而不同、辩证逻辑、系统思维、立象尽意、家国同构、儒道互补、刚柔并济、韬光养晦、返璞归真、因势利导、清静无为、有容乃大、温柔敦厚、文质彬彬，等等，都具有圆融特征。

达观圆融的观念，使得中国文化具有包容精神，为国人解决人生难题带来了许多方便，但也有可能导致民族坚毅精神不够，原则性不强，甚至难免圆滑，以至于法治精神不够，工匠精神不足，这值得我们警惕。

撷英掇华

《原典》

陶渊明《归去来兮辞》①（节选）

已矣乎！寓形宇内复几时。曷不委心任去留②？胡为乎遑遑欲何之③？富贵非吾愿，帝乡不可期。怀良辰以孤往，或植杖而耘耔④。登东皋⑤以舒啸，临清流而赋诗。聊乘化⑥以归尽，乐夫天命复奚疑！

①《归去来兮辞》：晋代陶渊明创作的抒情散文，是作者脱离仕途回归田园的宣言。陶渊明（352或365~427），又名潜，字元亮，晋代诗人，中国第一位田园诗人，被称为"古今隐逸诗人之宗"。②曷：何。委心：放下心事。③胡：为什么。遑遑：不安的样子。之：往。④植：立，扶着。耘：除草。耔：培苗。⑤皋（gāo）：高地。⑥乘化：随顺大自然的运转变化。

文本大意 算了吧！身体还能有多久寄托在天地间呢？为什么不放下心事，听凭自然的安排？为什么这么心神不定地想去哪里？富贵不是我所求，升入仙界也无望。爱惜那良辰美景，不如独自去欣赏，要不就扶杖耕耘。登上东边山坡我放声长啸，傍着清清的溪流把诗歌吟唱；姑且顺随自然变化走向生命终点。乐天安命，还有什么可疑虑的呢？

苏轼《赤壁赋》①（节选）

苏子曰："客亦知夫水与月乎？逝者如斯②，而未尝往也；盈虚者如彼③，而卒④莫消长也。盖将自其变者而观之，则天地曾不能以一瞬；自其不变者而观之，则物与我皆无尽也，而又何羡乎！且夫天地之间，物各有主，苟非吾之所有，虽一毫而莫取。惟江上之清风，与山间之明月，耳得之而为声，目遇之而成色，取之无禁，用之不竭，是造物者之无尽藏⑤也，而吾与子之所共适⑥。

①《赤壁赋》：苏轼贬谪黄州之后写的一篇著名散文，记叙了作者与朋友们月夜泛舟游赤壁的所见所感，通过主客问答的形式，反映了作者由月夜泛舟的舒畅，

到怀古伤今的悲咽，再到精神解脱的达观。②逝者如斯：逝去的就像流水。语出《论语·子罕》："子在川上曰：'逝者如斯夫，不舍昼夜。'"③盈虚者如彼：像月亮那样有圆有缺。④卒：最终。消长：增减。⑤无尽藏：佛家语，指无穷无尽的宝藏。⑥共适（shì）：共享。

文本大意 苏轼说："你可也知道这水和月吗？江水总是这样不停流动，但它们其实并没有流走；月亮总是这样时圆时缺，但月亮还是那个月亮，并没有增减。从事物易变的一面看，万事万物不曾停止一瞬；而从事物不变的一面看，万事万物同我们又都是永恒的，又有什么可羡慕的呢？何况天地之间，万物各有主宰，若不是自己应该拥有的，即使一分一毫也不要去求取。只有江上的清风，以及山间的明月，耳朵听到便成了声音，眼睛看到便具有了形色，占有它们，无人禁止，使用它们，永无竭期，这是大自然无穷无尽的宝藏，我和你可以共同享用。"

《名言》

◎乐天知命，故不忧。（《周易》）

◎穷则变，变则通，通则久。（《周易》）

◎学而时习之，不亦说乎？有朋自远方来，不亦乐乎？人不知而不愠，不亦君子乎？（春秋·孔子）

◎知者不惑，仁者无忧，勇者不惧。（春秋·孔子）

◎饭疏食饮水，曲肱而枕之，乐亦在其中矣。（春秋·孔子）

◎古之得道者，穷亦乐，通亦乐。（战国·庄子）

◎彼仁人何其多忧也。（战国·庄子）

◎乐天知命吾何忧？穷理尽性吾何疑？（隋·王通）

◎不是风动，不是幡动，仁者心动。（唐·慧能）

◎菩提只向心觅，何劳向外求玄。（唐·慧能）

◎莫听穿林打叶声，何妨吟啸且徐行。竹杖芒鞋轻胜马，谁怕？一蓑烟雨任平生。（宋·苏轼）

◎春有百花秋有月，夏有凉风冬有雪，若无闲事挂心头，便是人间好时节。（宋·慧开）

成语

◎圆融无碍：圆满融通，无所障碍。佛学中指对不同宗门的理解非常深，皆能理解其原有立场，又能交互融摄，形成一个整体。

◎达观知命：指对不如意的事情看得开，任凭命运安排，没有烦恼。

◎知足不辱：懂得满足才不会遭受屈辱。

◎安贫乐道：安于贫穷，仍乐于坚守信仰。指为了自己信仰或理想的实现，宁愿处于贫困恶劣环境。

◎知足常乐：知道满足，就总是快乐。形容安于已经得到的利益、地位。

◎难得糊涂：人在该装糊涂时就该装糊涂，装糊涂很有价值，但很难做到。

第 18 课

心性工夫：追求精神的自我超越，
建设美好的心灵结构

心性工夫：中国传统文化中以哲学的
心性论为基础的修心养性的道德实践。

心性问题，中国文化的基本问题

中国文化，重视工夫（又叫"功夫"）。不过一般人心目中的工夫，可能就是太极功夫，工夫茶之类。其实中国文化真正的工夫，是"心性工夫"，是心性修养的道德实践，是人性和心灵的修炼。可以说，一部中国文化史，主要是一部心性工夫史。

人类文化学术，无非面临三大关系：天人关系即自然与人的关系，物我关系即他人与我、外物与我的关系，身心关系即身体与心灵的关系。中西文化的差异也体现在这三大关系上。

一方面，在西方文化那里，这三大关系主要是对抗，如征服自然、自我抗争等；而在中国文化这里，则主要是统一，如天人合一、人我和谐、身心协调等。

另一方面，在人与自然之间，西方文化偏重自然，他们爱智求真，重视对自然的观察与研究，侧重发展了自然哲学和自然科学；在人我之间，他们以公平、平等为目的，重视人对制度与法规的建构，于是重点研究基于公平、平等、制度、法律的政治学；在身心之间，他们重视体魄的强健，重视对人体的研究探索，于是重点发展了基于解剖的医疗科学。

在中国文化中，我们重视天人之间的"人"，强调物我之间的"我"，突出身心之间的"心"。我们以求善为目的，追求以德化人，重点发展"人学"，中国文化史就是一部人本主义学说史。中国哲学的基本构架是"天人之学"，所谓"学究天人"，但天人之际的核心是人，处理天人关系时，核心和宗旨是"做人"，于是我们的学问基本上是道德伦理之学；而人的问题本质在"心性"，做人的关键是"修心"，最终我们将天人之间、物我之间的一切，归结为"心"，这样，心性问题就成了中国哲学的基本理论。

早期道家如《庄子》一书八万余字，"心"字出现一百八十六次，出现频率非常高；"性"字出现八十七次，"性"是庄子思想中的重要概念。后来的道教，更是大谈心性，发明了许多概念，诸如五藏之心、欲心、善心、欲、神、识、道性、清净之心、心体、元神、神、真心、体性、道体、道，等等。道教特别注重修心炼性，性命双修。

佛教的本质是在教人解脱人生痛苦，追求内心平静，自然与心性相关，而中国佛教尤其大乘佛学的天台宗、贤首宗和禅宗，几乎以心性作为全体佛学的精义，以当下顿见心性为解决人生终极关怀乃至解决人类文明根本问题的捷径，倡导"明心见性"和"见性成佛"。心性问题，自然是中国佛学的基本问题。

自孔子创立儒学思想，儒家就一直关注"心""性"问题，又经历子思、孟子、荀子等人对人、人性及其本质的深入探索，对"心性"的本质内涵和关系的系统阐述，尤其在孟子提出"尽心知性""存心养性"的基本思想后，再经唐代韩愈、李翱的儒学复兴，到宋代的程朱理学、宋明的陆王心学，"心"与"性"不断融合，合二为一，儒学的"心性论"不断系统化、理论化，最终形成体系化的哲学思想，并成为中国思想文化的核心理论。

不仅儒释道三家都以心性问题为基本问题展开研究，即使同样对中国文化产生重要影响的法家，其基本理论也是基于心性问题而展开的。

法家对人心性的基本认识是"好利恶害""趋利避害"。管仲认为，"凡人之情，见利莫能勿就，见害莫能勿避"，"凡人之情，得所欲则乐，逢所害则忧"。商鞅认为，"人之于利也，若水之于下也，四旁无择也"。就像后来司马迁所说的"天下熙熙，皆为利来；天下攘攘，皆为利往"。

在法家看来，追逐私利是人类心性的基本点，这个基本点无法改变也无须改变，却可以利用，因为"利"既可以让人"智昏"，也可以使人勇猛无限。于是在法家尤其是在韩非那里，一方面强调用法律和道德来规范人的心性，另一方面，则是充分利用人追逐私利的心性特点，操控人的行为。韩非是中国古代的文化巨人，他真正看透了人类心性，他的政治学说，本质上就是基于人性本恶的政治操控术。

儒道释法四家，都关乎心性，区别在于，儒道释三家是指向心性，关心的是心灵的建设；法家是基于心性，关心的是心灵的控制利用。

道德实践，心性理论的基本倾向

我们在讨论"知行合一"时，曾说中国文化"不癫狂，也不会很浪漫，我们不颓废，更不会沉沦，我们不太喜欢思辨，不会沉溺于知识的推演，缺少理论建构的欲望，我们执着的是现实，是行动，我们是世界文化之林中的现实派、实务派、行动派、实践派"。的确，中国文化缺少反省知识的知识论，缺少探究自然的自然论，缺少客观的、分解的本体论与宇宙论，发展的是为人生修养的道德论，知识论最终落实于道德论。

而从道德理性的层面看，西方伦理学的道德理性侧重纯粹的理论探讨和对善恶的哲学思辨，到后来甚至发展出对道德概念和语言学进行分析的分析伦理学，对行为的规范或准则相对涉及较少；如果有规范，也是法制的或宗教的外在规范。

中国的思想家在探索宇宙人生大问题时，并不注重对对象内在结构的深入探讨，也不注重抽象意义的深入挖掘，而是习惯于从生活实践出发，切己体察，以反省自己的身心实践入手，高度关注自我修养和道德实践，强调的是生活的实证，或者内心的神秘的冥证，主张从经验世界来建立理性精神，属于一种"实践理性"。于是在道德规范上，重视的是道德主体的道德实践，重视道德的"知行合一"。

中国文化的儒释道三家，或求成圣，或求成佛，或求成仙，或君子，或觉悟，或逍遥。其实，他们都是在追求实现一种最高的、最圆满的理想人格。在儒家看来，人性本善，"人皆可以为尧舜"；在中国佛学看来，更是人人本具佛性，皆可成佛；在道家看来，人之初，性本真，人人可以修真。也就是说，在中国文化的主流观念里（法家除外），人人都可以修成理想人格。

但在现实层面上，儒家认为，人的心性由于"物欲"所蔽会丧失天赋"良知"；佛家认为，外界诱惑会导致人的痴、贪、嗔三毒，使人心生执念，沉沦于生死轮回；道家认为，外界诱惑、贪欲之心和知识巧智会导致人的心性被异化。

而解决问题的办法就是"修养心性"，须经漫长而艰难的成德工夫，修成正果。而这种修，主要靠自修。儒家强调"自求""自得""自省"，孔子说，"仁远乎哉，我欲仁斯仁至矣"。孟子说，"反身而诚，乐莫大焉"。程颢说，"万物静观皆自得，四时佳兴与人同"。佛家强调"自证""自悟"，所谓"菩提只向心觅，何劳向外求玄"，如人饮水，冷暖自知。道家则强调不能自蔽，老子说，"不自见故明，不自是故彰，不自伐故有功，不自矜故长"，强调自我的"祛蔽"。一切都强调自修，所谓"道不远人"。

于是，中国文化很自然地发展出一门独特的实践论，这种实践论中的"实践"，不是征服自然改造自然、外向于对象世界的物质性实践，而是升华精神、内向于自我心灵世界的心性实践，这就是"心性工夫"。儒释道三家，都讲究"做工夫"，这种工夫，并非传统的武术，而是道德的自修；并非外向自然和客观世界的"外家工夫"，而是内向于心灵世界的"内家工夫"，是"上达于天，下贯于人事"的修心养性，是着力于在外接于物与内修于心的融通境界中完成对个体精神生命的充盈与提升的长期修炼。

西方学术后来也关注心灵，但他们主要研究大脑的运行机制，以此来解读个体行为及其心理机能，试图诠释个体的社会行为。于是他们侧重于对行为进行精确观察与描述，并对其进行心理解释，对行为进行预测和控制。

中国学术强调的是个人的感悟、实践经验以及以事业的成功来验证其智慧，提倡的是感悟修行，注重的是自身修炼。虽然都关注心灵，但西方人发展的是基于实验与数据的心理学，中国人发展的是基于道德实践与自修自证的"心学"。

心斋坐忘、修心炼性的道家工夫

老子没有直接谈心性，但《老子》全书讨论的都是人类心性的异化问题，强调的是人类心性的复归，所谓"五色令人目盲；五音令人耳聋；五味令人口爽；驰骋畋猎，令人心发狂；难得之货，令人行妨"，"大道废，有仁义；智慧出，有大伪"。他认为，正是"智慧"带来了欺诈、虚伪，于是要求人们"见素抱朴，少私寡欲，绝学无忧"，要求复归于婴儿，复归于朴。

全面直接讨论心性的道家人物是庄子。《庄子》一书，大量出现"心"与"性"概念，并将心性归结为"真"，强调养真性，做真人，视"真人"为理想的人格境界。庄子认为，是文饰毁灭了人的真情真性，俗学淹没了纯心，诱惑迷乱了本性，于是他提出"性修反德，德至同于初"，经修养返回到"德"，这种"德"便是人原初的真性，纯白的心性。

庄子认为，人性的原初真性是一种虚空的状态，正是这种虚空状态，才能包容广大，所谓"同乃虚，虚乃大"。人生要达到逍遥之境，便要"无己无功无名"，于是他提出要"缮性"，养真性，归真情。"缮性"就是炼心。

庄子炼心的工夫，便是"心斋"和"坐忘"。"心斋"，就是摒除杂念，专心致志，虚空心境，澡雪精神，明静纯一，进入虚无忘我的境界，"无听之以耳而听之以心；无听之以心而听之以气"。就是要涤除物欲之心，保持心的虚静空灵，保持心的自由与自在。庄子认为，"虚静恬淡寂寞无为者，天地之平而道德之至也。……虚则静，静则动，动则得矣"。他说，至人之心，具有如镜般的"虚静"与"空明"，所以能容纳接应宇宙万物。

庄子在《大宗师》中，假托孔子和颜回的对话，讨论什么是真正的进步。一次，颜回对孔子说自己进步了，因为他"忘礼乐矣"，孔子说还不够；后来颜回又说自己进步了，因为他"忘仁义矣"，孔子还是

吟徵調商竉下桐
松間疑有入松風
仰寬低著含情字
以聽無絃一弄中
　白原詩題

聽琴圖

听琴图（赵佶 绘）

说不够。最后一次，颜回又说自己进步了，因为他"坐忘"了。孔子问什么是"坐忘"，颜回回答说："堕肢体，黜聪明，离形去知，同于大通，此谓坐忘。"就是不但忘了外物，甚至忘了肢体，脱离了形体，抛开了智慧，似乎灵魂出窍，同大道融为一体。

庄子这种"心斋""坐忘"的工夫，实际还是源于老子。《老子》云："夫物芸芸，各归其根。归根曰静，静曰复命。"就是说，须经过澄心凝神的修养过程，才能"归根复命"，亦即"复性"。

后来的道教，虽然与原始的道家并不完全一致，中间经历了偏重健身长生之道阶段，但到了南北朝时期，由于佛教的影响，道教逐渐回归原始道家的心性论传统，认识到人的生命实际上是精神生命和生理生命的双重融合，所谓"性之造化系乎心，命之造化系乎身"（李道纯《性命说》），遂以"修心炼性，抱元守一"为基本的心性工夫，并最终辟出了"性命双修"的工夫之路。

戒定生慧、明心见性的佛家工夫

早期的印度佛教对心性问题有所涉及，在汉译佛经中，最早出现"心性"一词的是《增一阿含经》，文中赞颂佛陀"心性极清净"，但没有做更多的阐发。大乘佛教传入中国之后，受儒道两家的影响，佛学的心性理论变得更加丰富多彩了。如东晋著名僧人竺道生，吸收道家的观念，讨论心性与佛性，认为人人皆有佛性，人皆得以成佛。这直接开启了后来禅宗的明心见性之说。

至隋唐时期建立起来的中国化的佛教各宗派，则始终把心性论作为其学说的重点，天台宗的"性具"、华严宗的"性起"、唯识宗的"五种性"如此，禅宗的"识心见性""见性成佛"，更是如此。禅宗六祖慧能与其师兄神秀的两则偈语，就是对心性或曰佛性的讨论。师兄神秀的偈语说："身是菩提树，心如明镜台，时时勤拂拭，莫使惹尘埃。"要表达的就是人的心性本来就像菩提般清净光明。而慧能则说："菩提本无树，明镜亦非台。本来无一物，何处惹尘埃。"强调的是人的心性本来就是空明清净，没有尘埃，不要妄想执着，才能明心见性，自证菩提。《坛经》反复申说了一个观点——"世人性本自净，万法在自性"，"不识本心，学法无益。若识自本心，见自本性，即名丈夫、天人师、佛"，以及"一切万法，尽在自身中，何不从自心顿现真如本性"，从而明确提出了"明心见性"的佛学主张。

要修行成佛，自然少不了心性的工夫（即修行法门），其基本的工夫就是"戒""定""慧"三项修炼。

所谓"戒"，就是戒律。小乘戒律侧重于"行"，要求诸恶莫作，不造恶业恶因。大乘佛教则是以心为戒，不但不能有恶言恶行，连恶念亦不可启，要发菩提心，修一切善业，利益众生。

所谓"定"，就是定心一处，不为外物所动，在虚静中降服各种妄想杂念，以求心灵宁静。但是心总难定，就像平时失眠，总忍不住胡思乱想，很难控制。于是佛家发明了念佛法门，试图将心安放在佛号上，以此克制妄想杂念，求得心定。

所谓"慧"，指的是人自性本具的般若智慧。此慧既非一般的聪明才智，更非文化知识。一般的聪明才智和文化知识均从外学习而来，而佛教的"慧"强调的是从自身心性而来，由"戒""定"而来，所以佛教讲究以戒助定，因定生慧。"戒"帮助我们得"定"，提高德行；"定"帮我们放下，放下即生"慧"，"慧"又帮助我们想通看破，更有助于放下，得更深之定，得更大之慧。

这就是所谓"由戒生定，由定生慧"的佛学工夫。

不过，就具体各派而言，又各有各的具体工夫。或者强调要坐禅（如天台宗）；或者强调要念佛（如净土宗）；或者修身成佛（如密宗主张模仿释迦牟尼佛成佛的过程）；或者如律宗强调要持戒清净，完善道德品行，由此致力于内心的宁静，再由此提升自身智慧。

禅宗之"禅"，源于梵语译音"禅那"，意为处于极专注状态，或者叫静思状态，是一种修持方法。可见，"禅"本身就具"工夫"色彩。所以修禅宗就免不了坐禅、禅定之类的修持工夫。不过慧能之禅则反对坐禅，更强调以"心"悟道，了解清静的本心，否则就会到心外去求法，去盲修瞎炼。所以他反对一味坐禅，主张"无相禅"，认为在行住坐卧中，做到无念无住无相，随缘自在，即明心见性，顿悟成佛。

佛学尤其是禅宗的本质，是以"心性"为基点，通过"心性"修持获得心性升华、精神超越的心性学说，是一种努力提升精神境界的文化理想。

尽心知性、存心养性的先秦儒家工夫

在儒道佛三家中，儒家发展了一整套完备的心性论和心性工夫。说心性工夫，主要说的是儒家。

儒家的工夫论，最早可以追溯到孔子。

孔子也没有直接谈论心性，《论语》只有一句涉及"性"："性相近也，习相远也。"所以，"夫子之言性与天道，不可得而闻也"。但是《论语》的基本内容，却是关乎人类心性的，孔子将其归结为"仁"。在孔子看来，"仁"下存于人心，上接于天道，正是天人合一的关键。"仁"就是做人，或者说是人道、人伦。做人的出发点就是"亲亲"，由"亲亲"而"仁民"而"爱物"，就是以"亲亲"为起点，推而广之。所以，孔子的心性工夫叫"践仁"。

孔门的心性工夫可以概括为四点：

一是"四非"。"非礼勿视，非礼勿听，非礼勿言，非礼勿动"，这是孔门修德的入门工夫，不玄妙，不空寂，实实在在。

二是自省。"吾日三省吾身"，"君子无终食之间违仁，颠沛必于是，造次必于是"，"居处恭，执事敬，与人忠"。时刻自省是否做到了孝悌忠信礼义廉耻。

三是广泛学习、见贤思齐。"三人行，必有我师焉"，"博学而笃志，切问而近思，仁在其中矣"。

四是"坚守"。儒家有所谓"孔颜乐处"，"子曰：饭疏食饮水，曲肱而枕之，乐亦在其中矣。不义而富且贵，于我如浮云"。孔子赞颜回道："贤哉，回也！一箪食，一瓢饮，在陋巷。人不堪其忧，回也不改其乐。贤哉，回也！"在艰难困苦之中持守自己的立场，不改自己的追求，这就是孔子工夫的高境界。

孔子的心性工夫论是儒家心性工夫论的雏形，而真正建立起儒家心性论系统的，是战国时期的孟子及《大学》《中庸》的作者。

孟子继承发展孔子的仁学，其心性论的起点是"人性本善"："人性之善也，犹水之就下也。人无有不善，水无有不下。"就是说，善性、良知，是人自然天生的。由此，他提出了著名的"四端"：人先天具有"恻隐之心，羞辱之心，恭敬之心，是非之心"，这四种情感又产生了"仁义礼智""四德"的萌芽，这就是人生来具有善性的根本原因。

四端之说只是揭示了人具有向善的极大的可能性，所谓"人皆可以为尧舜"，但并非必然为尧舜。怎样将这可能性变为现实性呢？他认为既要解决认识问题，又要解决方法问题。于是，他提出了著名的"尽心知性，存心养性"。

他用"尽心知性"解决认识问题："尽其心者，知其性也。知其性，则知天矣。"充分反省并扩充"恻隐之心，羞辱之心，恭敬之心，是非之心"这四心，就能充分认识"仁义礼智"这"四端"，进而也就可以认识天道、天德。

他用"存心养性"解决方法问题："存其心，养其性，所以事天也。"保存赤子之心，修养善良品性，这就是对待天命的方法。"存心养性"是孟子为人类设计出的一套"珍爱善端，远离禽兽"的独门心法。

怎样存，怎样养？

一是"反身而诚"。人人本已具备各种良好的品性，只要反躬自问，诚实无欺，那就是人生最大的快乐："万物皆备于我矣，反身而诚，乐莫大焉。"

二是"求其放心"。就是找回失去的"本心"，找回迷失的本心，"学问之道无他，求其放心而已矣"。

三是"动心忍性"。就是历经困苦而磨炼身心，克服阻力，坚持不懈："故天将降大任于斯人也，必先苦其心志，劳其筋骨，饿其体肤，空乏其身，行拂乱其所为，所以动心忍性，曾益其所不能。"

四是"养夜气"。夜气，指夜晚生长出来的清明之气，实际上是一种未与日常杂务接触时的无关利害、澄净清明的精神状态，此时的精神状态最接近人的心性的本初状态。孟子说："夜气不足以存，则其违禽兽不远矣。"

五是养"浩然之气"。所谓浩然之气，就是宏大刚强的正气，是正直无私、勇往直前的精神，是"富贵不能淫，贫贱不能移，威武不能屈"的操守。

应该说，孟子的心性工夫论，确立了一条中国知识分子由内向外的自我超越的修养路径。

《大学》几乎是儒家心性论的纲领性文件，它所谓的"三纲八目"，从宗旨、目标层次、修身之法对儒家心性论做了系统说明。

大学的"三纲"，即"明明德，亲民、止于至善"，强调儒者修身治学的根本目的是弘扬光明正大的品德，使人弃旧图新，达到最完善的人生境界。《大学》之道，其实就是心性完善之道，就是人类精神境界升华之道。

在此基础上，"修身、齐家、治国、平天下"，是心性工夫的目标层次；"格物、致知、诚意、正心"则是具体的功法，"欲修其身者，先正其心；欲正其心者，先诚其意；欲诚其意者，先致其知。致知在格物"。其实在《大学》里，除了"格物、致知、诚意、正心"这"四目"之外，还提出了一个"四字心法"，就是"定、静、安、虑"："知止而后有定，定而后能静，静而后能安，安而后能虑，虑而后能得。"定，就是目标明确，意志坚定；静，就是不急不躁、沉稳镇静；安，则是心无杂念，安定平和；虑，则是思虑周详，通达事理。这四字心法应该是"格物、致知、诚意、正心"的具体化。

如果说《大学》是儒家心性论的纲领，《中庸》则是儒家心性论的专论。这一专论涉及了心性论的十个关键词，即诚、中庸、尊德性、道问学、慎独、博学、审问、慎思、明辨、笃行。

"诚"是《中庸》关于心性工夫论的核心概念。《中庸》开篇即说："天命之为性，率性之谓道，修道之谓教。"将"天道""心性""工夫"统一了起来，而契合天道与心性的关键，就是"诚"。《中庸》认为，"诚"是天的本性，是人的本性，是万物的本性，达到"诚"的境界，就可以参天地，赞化育。所以，"诚者，天之道也；诚之者，人之道也"。真诚是上天的原则，追求真诚是做人的原则，《中庸》就是以"诚"来贯通天道与心性的。这里的"诚"契合孔子的"仁"。

"中庸"是心性工夫的基本原则，在《中庸》作者看来，"中"是万物的本性，"和"是通达的途径。达到"中和"的境界，天地便各安其位，万物便能生长繁育。

"尊德性"与"道问学"，则是心性工夫的两条基本路径。尊德性，是尊崇道德修养；道问学，是追求知识学问。这两条路径，正是后来程朱理学与陆王心学的分歧所在。

"慎独"在《大学》中也是作为"诚意"的要求提出来的。《中庸》则将其作为"尊德性"这一工夫路径的基本要求："道也者，不可须臾离也，可离非道也。是故君子戒慎乎其所不睹，恐惧乎其所不闻。莫见乎隐，莫显乎微，故君子慎其独也。""慎独"的提出，告诉我们，德性的修养并不是外在的要求，不是给人看的，而是心性的内在要求，无论在哪里，无论在明在暗，始终都在修道。

博学、审问、慎思、明辨、笃行则是"道问学"这一路径的具体工夫。

先秦的儒家心性论，还包括荀子的"化性起伪（为）"。荀子认为，人性本恶，人性的放纵会招致恶果，因而必须用礼仪法制去改造人性。在荀子这里，强调对人的心性要进行外在的规范与约束，而非自修的工夫。

静敬涵养、格物致知的理学工夫

唐末至北宋，佛、道"虚""空"思想广泛传播，主流精英喜好佛道工夫，以致消极厌世。为拯救世道人心，周敦颐、张载、程颢、程颐、朱熹等学者倡导理学，重视修身，由此提出儒家的心性工夫。他们对本体的追寻，对天道与人性的追问，总是从工夫入手。他们认为，人性根源于天道，因而人可以通过修炼心性而习得或证悟天道。

周敦颐认为，道体"动而无动，静而无静"，方能"神妙万物"。而领悟道体唯有用"静"的方法，因此提出"无欲故静"的坐养方法。

二程则提出了"体贴""用敬""致知"三法。程颢曾说，才学便须知着力处，既学就要知得力处，并说"天理"是自家体贴出来。所谓"体贴"，就是从自身出发，从自己的实践工夫出发，去体验，去领悟。二程认为周敦颐"主静"的工夫易流入佛教的静坐，所以他们又提出"涵养须用敬"，所谓"居敬穷理"，以敬畏之心，保持警觉，时时警醒。对于本心，既有"静中涵养"，又有"居敬涵养"，以时时保持本心的澄明和对天理的自明。程颐主张以敬畏涵养德性，以格物致知增进学问。

朱熹继承发扬二程的思想，建构了一套"'静中涵养'以收放心"，"'用敬涵养'以'常惺惺'"，"'格物致知'以进学问"的工夫思想体系。

朱熹吸收了佛教的静坐方法，将其当作心性修养的入门工夫。他说："须是静坐，方能收敛。""静坐收敛"，就是在情感与思维发生之前集中精神，沉思入定，收拢"放心"。往上走，便是"主敬"，就是要收敛身心，"常惺惺"，使头脑保持昭昭不昧的状态，即使独处，也保持警惕，这就将理学的静坐与佛教的禅定区别了开来。

朱熹认为道德本心、本性不能开出道德良知，必须透过格物穷理的工夫，待道德之理清楚之后，方能依此实践。所以他特别强调格物致知，格物穷理，非常重视"今日格一物，明日格一物"这样的磨炼工夫。

中国智慧
写给中学生的18堂国学修身课

尊德涤非、意静敬事的心学工夫

朱熹的格物致知是格外物，是由外向内的路径，其重点是追求知识学问的"道问学"。陆九渊和王阳明的格物致知，走的是由内向外的路径，认为格物就是"涤非"，就是格除内心的污物，于是他们更关注"尊德性"。

陆、王认为心就是性，就是天。从外相来看，心、性、天是三件事物，但其本质却是一码事。陆九渊说："宇宙即吾心，吾心即宇宙。"在他看来，道德法则本来就内在于人心，只是被"物欲"或者环境风尚所遮蔽，于是他开出的恢复本真的药方就是"静坐澄心、格物致知、切己自反、发明本心"。静坐澄心，就是让心处于"寂然不动"的状态，格除心中的各种尘垢污粕，从自己的现实经验和实践工夫出发去寻找自己的本心本性，并充分显露自己的道德本心，从而进入"吾心"与宇宙贯通一体的神秘的体验境界。在著名的鹅湖之会上，陆九渊就曾对朱熹说："请尊兄即今自立，正坐拱手，收拾精神，自作主宰，万物皆备于我，有何欠缺！"

王阳明学孟子，学朱熹，学陆九渊，对他们既有继承，更有改造。

王阳明经历了格竹失败的教训，加上其龙场悟道，使他切身感受到"心上用功"才是儒学真工夫，才是圣学之正道。而朱熹的格物致知是"求理于事事物物之中"的外求工夫，同自身的道德体悟相脱节，只能求得"一草一木一昆虫之理"，支离破碎，达不到穷理尽性的目的。

于是他重新阐释了孟子的良知概念，认为良知是人的本性，是"天植灵根"，人人具有，圣愚所同。他以一个脱衣审案的例子，证明人人具有良知。他在庐陵担任县令时，抓到一个大盗。这大盗冥顽不灵，死抗各种讯问。王阳明亲自审问时，并不直接问案，他对大盗说："天气太热，你还是把外衣脱了，我们随便聊聊。"大盗脱了外衣，王阳明又以天热为由，要大盗脱了内衣，大盗脱了内衣。到最后，王阳明又说："膀子都光了，不如把内裤也脱了，一丝不挂岂不更自在？"这时大盗慌忙摆手说："不方便，不方便！"王阳明便说："有何不方便？你死都不怕，还在乎一条内裤吗？看来你还是有廉耻之心的，是有良知的。"

他认为"心之本体即是天理"，由此提出了"致良知"。"致良知"就是将良知之天理、良知所觉之是非善恶，不为私欲遮蔽间隔，而让其充分呈现，以见之行事，成就道德行为。儒学的所有工夫，就在于"致良知"。至于怎样致良知，他充分吸收宋明道学的成果，既强调"心上工夫"，又肯定"事上工夫"，具体表现为五种工夫：立志、立诚、敬畏、静坐澄心、事上磨练（炼）。

立志。 王阳明说，"夫学，莫先于立志"。这是王阳明从小的体会。王阳明还在读私塾时，曾一本正经问老师："人的第一等事是什么？"老师非常吃惊，因为从来没有学生问过这样的问题，老师自己似乎也没有认真思考过，便回答道："当然是读书做大官。"王阳明却说："我认为不是这样，人生第一等事应是读书做圣贤。"也许正是他的这种立志，成就了他这一代大儒。至于怎么立志，他说，立志要"如猫捕鼠，如鸡覆卵"那样集中精神，在私欲干扰心志时要"责志"，"只责此志不立，即私欲便退"。

立诚。 "诚"本是儒家心性论的核心概念，贯穿于《大学》与《中庸》。孟子也曾说："诚者，天之道也；思诚者，人之道也；至诚而不动者，未之有也。"周敦颐说："诚者，圣人之本。"诚，可以说是儒学之根本。王阳明继承并发展了这一传统，他说："吾平日讲学，只是'致良知'三字。仁，人心也。良知之诚爱恻怛处，便是仁；无诚爱恻怛，亦无良知可致。"他将"诚"的内涵上升到了真诚、仁爱、恻隐同情，认为要去私欲、存天理，要实现省察克治，必须先立诚，唯有立诚才是根本工夫。

敬畏。 敬畏的思想可以直接追溯到《周易》和孔子。谦敬意识是《周易》的重要意识，《坤》卦《文言传》说："君子敬以直内，义以方外，敬义立而德不孤。"君子的特性就是以敬畏之心矫正内在的思想，以义德礼仪规范外在的行为，敬与义两者结合，道德就不孤立了。所以《周易》的六十四卦中，以《谦》卦为最吉利，就是提醒人们常怀谦敬之心。

敬畏，也是孔子的一个思想特色，《论语·季氏》说："君子有三畏：畏天命、畏大人、畏圣人之言。"宋代理学家二程、朱熹都强调"居敬涵养"的工夫。王阳明接过了这种工夫，认为"敬畏"的工夫就是君子自我警惕的工夫。他说："夫君子之所谓敬畏者，非有所恐惧忧患之谓也，乃戒慎不睹，恐惧不闻之谓耳。君子之所谓洒落者，非旷荡放逸，纵情肆意之谓也，乃其心体不累于欲，无入而不自得之谓耳。……君子戒慎恐惧，唯恐其昭明灵觉或有所昏昧放逸，流于非僻邪妄而失其本体之正耳。"

静坐。静坐之功，源自道家和禅学。庄子倡导"坐忘"，禅学倡导禅定静思。宋明理学吸收佛道两家的静坐工夫，以求有助于"存天理，灭人欲"，并试图借此获得万物一体的神秘体验。但儒家的静坐不同于佛教的求解脱，而是强调静中涵养本心，使本心"昭昭不昧"，保持本心对理的自知明见。王阳明也曾习学静坐，被贬贵州龙场期间，"日夜端居澄默，以求静一，久之，胸中洒落"。但王阳明认为静坐只是一种把本心从情欲妄念中收回而进行审慎思考的手段。

事上磨练（炼）。王阳明对他的致良知之说十分自信、自得，他说："某于良知之说，从百死千难中得来，实千古圣圣相传一点滴骨血也。"他认为为学工夫的真正难处就在于人生的艰难与低潮之时，"人于生死念头本从生身命根上带来，故不易去，若于此处见得破透得过，此心全体方是流行无碍"。王阳明一生历尽百劫千难，却愈挫愈勇，愈挫愈精进。正如他的门人所说："先生用功，到人情事变极难处时，见其愈觉精神。"

例如，在南京的时候，王阳明看到诽谤自己的文字，感到十分愤怒，便马上反省，要求自己跨过这一心理难关。他掩卷反思、克制情绪之后，心情平和了些，再拿出书信来看，怒火又生，于是又掩卷反思克制，直到"心平气和如常时，视彼诋诬真如飘风浮霭，略无芥蒂怨尤"方作罢。王阳明可以说是人情事变上用功之楷模，因此，他在传统的心性工夫基础上，特别开出了"事上工夫"，这是他对儒学工夫论的最大贡献。他说："人须在事上磨练（炼），做工夫，乃有益。若只好静，遇事便乱，终无长进。"而且他认为事事都可以存心养性，主张"有事专注于事，无事存心养性"。

曾经有一位下属长期听王阳明讲学，对其内容很感兴趣，但是又觉得平时公务繁杂，无暇学习。王阳明听到之后便说："我什么时候叫你离开你的公务杂事去学习呢？你本可以从你的官司事务上去学习呀。如审理一个案件，不能因人应对无理而怒，不能因人言辞圆滑而喜，不能因心生厌恶而加倍处罚，不能因人请托而勉强答应，不能因事务繁杂而随意断案，不能因旁人诋毁而罗织罪名。心中唯恐有偏私，有错判，这便是格物致知。"他还说："簿书讼狱之间，无非实学。若离了事物为学，却是着空。"正是因为这样的认识，他才发展出了他的"知行合一"。

阳明后学将王阳明的"立志、立诚、敬畏、静坐澄心、事上磨练（炼）"发展为四功，即"意功、静功、敬功、事功"。

心性工夫对于获得道德认知、培养道德意识、进行道德实践、提升道德境界，并最终建设真善美的心灵世界，实现内在的精神超越，无疑具有十分重要的历史价值和现实价值，有许多可以借鉴的经验。

但也要注意，无论是佛道的心性之学，还是原始儒学的心性之学，或者后来理学、心学的心性之学，都难免流于虚空，难免逐渐演变成奢谈心性的空疏之学。即使有王阳明的"事上磨练（炼）""知行合一"，有顾炎武等大力倡导的"经世致用"，但由于对心性的过分重视，又由于"事上磨练（炼）"实在太过艰难，导致士大夫空谈心性，坐而论道，不务实业，鄙视科技，最终使心性工夫畸形发展，打破了心性与事功、道德与科技的平衡发展，留下了许多惨痛教训。

撷英掇华

原典

孟子曰:"尽其心者,知其性也。知其性,则知天矣。存其心,养其性,所以事天也。殀寿①不贰,修身以俟②之,所以立命也。"

孟子曰:"万物皆备于我矣。反身而诚,乐莫大焉。强恕③而行,求仁莫近焉。"《孟子·尽心上》

孟子曰:"仁,人心也;义,人路也。舍其路而弗由,放其心而不知求,哀哉!人有鸡犬放,则知求之;有放心,而不知求。学问之道无他,求其放心而已矣。"《孟子·告子上》

①殀寿:短命和长寿。殀:同"夭"。②俟:等待。③强恕:努力坚持恕道。恕:儒家观念,孔子解释为"己所不欲勿施于人"。

文本大意 孟子说:"人如果能尽量保持自己善良的本心,就会懂得人的本性。懂得了人的本性,就知道天道了。保持自己的本心,修养自己的本性,这就是对待天命的方法。不管短命还是长寿,都专心一志,修身以待,就是安身立命的方法了。"

孟子说:"我的天性中已具备了各种事物、品德和道理。反躬自问诚实无欺,便是最大的快乐。坚持不懈地按恕道办事,便是最接近仁德的道路。"

孟子说:"仁是人的本心;义是人生的正道。放弃正道不走,丧失了善良的本心而不知道去寻找,可悲啊!鸡和狗走失了,人都知道去寻找,善良之本心丢失了,却不知道去寻找。研究学问的道路没有别的,无非是将善良的本心找回来罢了。"

天命①之谓性,率性②之谓道,修道之谓教。道也者,不可须臾离也,可离非道也。是故君子戒慎乎其所不睹,恐惧乎其所不闻。莫见乎隐,莫显乎微,故君子慎其独也。喜怒哀乐之未发,谓之中;发而皆中节,谓之和;中也者,天下之大本也;和也者,天下之达道也。致③中和,天地位焉,万物育焉。

……诚者，天之道也；诚之④者，人之道也。诚者不勉⑤而中，不思而得，从容中道，圣人也。诚之者，择善而固执⑥之者也。博学之，审问之⑦，慎思之，明辨之，笃⑧行之。有弗学，学之弗能，弗措⑨也；有弗问，问之弗知，弗措也；有弗思，思之弗得，弗措也；有弗辨，辨之弗明，弗措也；有弗行，行之弗笃，弗措也。人一能之己百之，人十能之己千之。果能此道矣。虽愚必明，虽柔必强。

自诚明谓之性。自明诚谓之教。诚则明矣，明则诚矣。

唯天下至诚，为能尽其性；能尽其性，则能尽人之性；能尽人之性，则能尽物之性；能尽物之性，则可以赞天地之化育；可以赞⑩天地之化育，则可以与天地参⑪矣。（《中庸》节选）

①天命：天赋，这里指人的自然禀赋。②率性：遵循本性。③致：达到。④诚之：这里的"诚"做动词用，可理解为"追求真诚"。⑤勉：勉强，努力。⑥固执：坚定地持有，执着地追求。⑦审：详细、仔细。审问之：指对学问要详细地询问，彻底弄懂。⑧笃：切实地，坚定。⑨措：搁置，停止。⑩赞：帮助。⑪与天地参：与天地并列为三。参：同"叁"。

文本大意 人的自然禀赋叫"性"，顺着本性而为叫"道"，按"道"修养叫"教"。"道"是不可以片刻离开的，如果可以离开，那就不是"道"了。所以，品德高尚的人在没人看见的地方也警惕小心，在没人听见的地方也畏惧谨慎。越是隐蔽的地方越是明显，越是细微的地方越是显著。所以，品德高尚的人在一人独处的时候也谨慎小心。喜怒哀乐没有表现出来的时候，叫"中"；表现出来以后符合义理礼节，叫"和"。"中"是天下万物的本性，"和"是四处通达的途径。达到"中和"的境界，天地便各安其位，万物便生长繁育了。

……真诚是宇宙的自然法则，追求真诚是做人的法则。真正真诚的人，不用勉强就能合乎中道，不用思考就能获得道理，从容不迫、自然而然地符合自然的法则，这是圣人。努力做到真诚，就要选择善良的要义执着追求。

广泛学习，详细询问，周密思考，明确辨别，切实实行。要么不学，学了没有学会就绝不放弃；要么不问，问了没有懂得就绝不放弃；要么不想，想了没有想通就绝不放弃；要么不分辨，分辨了没有明确就绝不放弃；要么不实行，实行了没有成效就绝不放弃。别人用一分努力就能做到的，我用一百分的努力去做；别人用十分的努力做到的，我用一千分的努力去做。如果真能做到这样，虽然愚笨也一定可以聪明起来，虽然柔弱也一定可以刚强起来。

由真诚而自然明白道理，这叫天性；明白道理后做到真诚，这是由于教化。真诚也就会自然明白道理，明白道理后也就会做到真诚。

只有天下非常真诚的人才能充分发挥他的本性；能充分发挥他的本性，就能充分发挥众人的本性；能充分发挥众人的本性，就能充分发挥万物的本性；能充分发挥万物的本性，就可以帮助天地培育生命；能帮助大地培育生命，就可以与天地鼎立为三了。

《名言》

◎吾日三省吾身。（春秋·曾参）

◎夫虚静恬淡寂寞无为者，天地之本，而道德之至。（战国·庄子）

◎若一志，无听之以耳而听之以心，无听之以心而听之以气。（战国·庄子）

◎人皆可以为尧舜。（战国·孟子）

◎求则得之，舍则失之。（战国·孟子）

◎大学之道，在明明德，在亲民，在止于至善。知止而后有定，定而后能静，静而后能安，安而后能虑，虑而后能得。（《大学》）

◎诚者天之道也；诚之者，人之道也。（《中庸》）

◎古之学者为己，今之学者为人。君子之学也，以美其身，小人之学也，以为禽犊。（战国·荀子）

◎故圣人化性而起伪，伪起而生礼义，礼义生而制法度。（战国·荀子）

◎我心自有佛，自佛是真佛。（唐·慧能）

◎不识本心，学法无益。若识自本心，见自本性，即名丈夫、天人师、佛。（唐·慧能）

◎万物静观皆自得，四时佳兴与人同。（宋·程颢）

◎自古圣贤，皆以心地为本。（宋·朱熹）

◎仁之发处自是爱。（宋·朱熹）

◎宇宙便是吾心，吾心即是宇宙。（宋·陆九渊）

◎人人心中有仲尼。（明·王阳明）

◎ 志不立，天下无可成之事。（明·王阳明）

◎静处体悟，事上磨练（炼）。（明·王阳明）

◎无善无恶心之体，有善有恶意之动，知善知恶是良知，为善去恶是格物。（明·王阳明）

成语

◎存心养性：保存赤子之心，修养善良之性。儒家修身养心之法。

◎道不远人："道"并不排斥人，人可以通过修炼向"道"靠近。

◎明心见性：摒弃世俗杂念，发现自己的真心，见到自己的真性，是禅宗悟道的境界。

◎修身洁行：修养品性，保持纯洁的德行。

◎澡雪精神：修养身心，使纯洁清白。

◎介然自克：坚定不动摇地自己约束自己。

◎防意如城：遏止私心杂念，像守城御敌一样。

◎惩忿窒欲：克制愤怒，抑制嗜欲。

后记

"中国智慧"系列读本终于要付梓了。这套书的写成和出版实属不易。想想，应该写个后记，做些记录，以示纪念。

本书的撰写，首先应该感谢我的恩师陈蒲清先生。

1991年，我到湖南教育学院脱产进修，幸遇恩师，得以聆听先生的中国寓言史选修课。先生是湖南省古汉语学会会长，中国寓言研究会副会长，是我国寓言研究的权威。先生在寓言课上旁征博引，时有卓见。受先生启发，我开始研究中国古代寓言繁荣的文化心理原因，写成《试论中国古代寓言繁荣的文化心理原因》一文。我在研究中发现，汉民族传统文化心理与寓言之间有一种同构现象，这引起我学习研究中国古代文化心理的兴趣，于是开始大量阅读文化史方面的著作、论文，大量阅读中国文化典籍，于1993年完成了近三万字的文化史论文《美神精神论——汉民族传统文化心理的新透视》。

先生阅后给予了充分肯定，并要我投到《中国社会科学》，当时我想，一个中学语文老师，不务正业搞文化史研究，怎敢将自己的习作投到中国文科的顶级综合期刊呢？后来，在先生和几位教授的联合推荐下，该文得以在《湖南教育学院学报》1993年第4期用17个版面全文登载。文章发表后，《新华文摘》将其收入到"报刊文章篇目辑览"，中国人民大学报刊复印资料中心《文化研究》和《心理学》同时收录。先生在修订他的寓言史名著《中国古代寓言史》时，还补写了一小节《寓言与民族思维特点》，来分析中国古代寓言与民族思维的关系。

先生的提携和鼓励让我有了进一步学习研究中国文化史的胆量。自那以后，我一直想写一本这方面的书，做些文化史方面的普及推广工作。无奈作为一名高中一线语文教师，繁重的教学教研加上诸多的学校文字材料工作让我一直无暇顾及。

直到2014年，我的工作室团队研究重构高中语文课程课题，其中涉及国学课程的建设问题，写书一事才又被提上日程。2015年我开始收集材料，2016年初开始选择一些古代文化典籍，进行译注和导读，2016年暑假开始编辑《中国文化52个关键词原典导读》（三卷本），与此同时撰写"中国智慧"这套书。这年暑假我完成不到三分之一，不料突遇恶疾，住院手术，胃切五分之四，然后是持续半年边化疗边上班，导致写作时断时续，直至2018年国庆才完成初稿。

这套书得以完成，要感谢知识出版社姜钦云先生。本书还在构思与写作的起始阶段，姜先生就拟将本书列入他们的出版计划。后来在具体的写作过程中，姜先生和他的团队提出了许多宝贵的建议。

本书一些观点受到现当代不少学者直接或间接的启发，但由于本书主要属于普及性读物，这些启发难以一一具体标明，在此，只能一并致谢。

本书的完成，还要感谢《语文报》和《深圳青少年报》的编辑们。《语文报》的编辑们看了本书的部分样稿之后，特地开设了《胡老师讲国学》专栏，将本书用极简版的形式连载了48期，好评如潮，该栏目还被评为"最佳年度栏目"。随后《深圳青少年报》计划用两年的时间，以适合初中生的通俗版的形式予以连载，迄今已连载20多期，反响良好。这两份报纸以不同的形式连载并大受欢迎，让我看到了我的所谓"观念国学"的价值和意义。

这套书得以完成，更要感谢那些在我生病之后，用各种方式向我表达慰问的亲人、朋友和同事。是他们让我懂得人间有爱，而真正的爱，就是在你需要爱的时候，她就出现了。许多一面之缘的朋友，平时几乎没有联系，可一听说我生病，也都通过某种方式给我问候。是亲人朋友的关怀，给了我战胜疾病的勇气和信心，给了我完成这套书的决心。

这套书得以完成，尤其要感谢我的妻子彭凤林女士。

妻子几十年如一日全心全意照料我的生活，为我的教学教研提供方便，提供帮助。平时我戏称她为我的"专职校对"，因为我发表前的文字，只有经过她的"审阅"，我才会寄出去，凡经过她的校对，差错率极低。早年为了帮我打字，她苦练五笔字打字技术，拆解了《现代汉语词典》收录的所有汉字，成了打字高手。在我生病后住院期间，她昼夜细心陪护自不必说，在我出院后又每日调配营养餐，都要忙到很晚。为了提高我的免疫力，她经常赴香港购买相应药品。我每周要去医院两次，注射提高免疫力的药物，为了减少我的劳顿，她便练习注射技术，每周两次开车赴医院帮我排队取药，为我节省了很多时间。因为病后体弱，加上写作疲劳，我经常浑身酸痛，颈椎发硬，难以入睡，她便帮我按摩，直到我入睡。

正是她这种全身心的照料，让我不敢消沉，不敢悲观，不敢不坚强。是她让我深感我的生命不仅仅属于我自己，也属于我的妻子、我的亲人和朋友，也属于社会。我应该好好活着，为我的妻子，为我的亲人和朋友，为这个社会。我应该为大家做一些有意义的事情。也正是她的悉心照料，给我腾出了很多时间，可以专注于这套书的写作。尤其是她时不时递来的一只苹果，一杯牛奶，或者一杯姜盐茶，更让我感受到了写作过程的快乐。

如果我健康，我的所有成果，都有我妻子的一半功劳；可在我重病之后还能完成这套书的写作，绝大部分的功劳应该属于我的妻子。

胡立根
2019年5月13日于深圳羊台山